AINDA HÁ Tempo...
ACELEREMOS OS PASSOS

Marcial Jardim

AINDA HÁ Tempo... ACELEREMOS OS PASSOS

Aliança

1ª edição, março/2014, do 1º ao 3º milheiro.

Título
Ainda há tempo... Aceleremos os passos

Autor
Marcial Jardim

Revisão
Arlete Genari

Diagramação
Ariane Haas Franco

Capa
Ariane Haas Franco

Impressão
Rettec Artes Gráfica e Editora Ltda.

Ficha Catalográfica

Dados Internacionais de Catalogação na Publicação (CIP)
(Câmara Brasileira do Livro, SP, Brasil)

Jardim, Marcial
Ainda há tempo : aceleremos os passos / Marcial Jardim. -- São Paulo : Editora Aliança, 2014.

ISBN 978-85-8364-006-6

1. Espiritismo 2. Espiritualidade 3. Reflexões
I. Título.

14-01913 CDD-133.901

Índice para catálogo sistemático

1. Doutrina espírita 133.901

Editora Aliança
Rua Major Diogo, 511 - Bela Vista - São Paulo - SP
CEP 01324-001 | Tel.:(11) 2105-2600 | Fax: (11) 2105-2626
www.editoraalianca.com.br | editora@editoraalianca.com.br

Sumário

Minha Gratidão

Expresso, por meio destas linhas, toda a minha gratidão à querida irmã de ideal espírita, Claudia Regina Ramos Almada, por todo o empenho, dedicação e paciência com que, incondicionalmente, me presenteou durante todo o transcorrer deste nosso modesto livro.

Marcial Jardim

Prefácio

Somos almas eternas, viajando no tempo, a caminho da luz.

Tempo – sucessão de dias, horas, momentos...

O que estamos fazendo com o nosso tempo?

Encarnamos com o objetivo de nos aperfeiçoar.

Será que estamos aplicando bem o nosso tempo?

Será que já estamos despertos para aproveitarmos as oportunidades que a vida nos oferece para evoluirmos, sermos mais fraternos, ou será que ainda caminhamos distraídos, apenas envolvidos com o imediatismo ilusório da matéria?

É chegado o momento. Estamos vivenciando a grande transição planetária. Hora da separação do joio e do trigo.

De qual lado estamos?

Teremos mérito para herdar o mundo de regeneração?

Já conseguimos viver como cristãos, fazendo ao próximo o que gostaríamos que a nós fosse feito?

Não podemos mudar o que ficou para trás, mas podemos começar de novo e fazer mais e melhor, como nos orientou o nosso Chico Xavier.

Ainda há tempo, aproveitemos.

O atual trabalho que o amigo de ideal espírita Marcial Jardim nos oferece traz uma linguagem sensível, com fundamentos doutrinários, uma clara organização e primorosa pesquisa, que prendem a nossa atenção, levando-nos a meditar sobre os importantes e palpitantes assuntos abordados.

Esta é uma obra atualíssima, para ser lida, refletida, divulgada.

Por meio de seu esclarecedor conteúdo e brilhantes conselhos, assimilados pela mente e pelo coração, poderemos avaliar como estamos vivendo a nossa vida, este presente de Deus.

Aproveitemos nosso tempo para aprender, para renovar nossas metas, para trabalhar com mais amor e acelerar nossos passos, pois ainda há tempo! Querido amigo, agradeço o honroso convite para prefaciar este livro, tendo a convicção de que ele irá despertar muitas consciências para as realidades do momento que estamos vivenciando.

Alcione Camanho Frigoglietto

Reminiscências

Era mais um tépido final de tarde, como tantos outros, acariciado por suave brisa, colorido pelos raios alaranjados do astro-rei que se esforçavam para manter as derradeiras claridades do dia, embelezando o horizonte distante, dando novas esperanças às criaturas que por ali, na Terra Santa, transitavam.

Grande número de seres humanos, curiosos e ávidos de saber, acompanhava o Cristo em mais uma das suas peregrinações por aquelas plagas longínquas, desfrutando a paz da Sua presença, abeberando-se da sabedoria dos Seus insuperáveis ensinamentos.

Naquela oportunidade, posicionando-se em pequena elevação do árido terreno, o Mestre, serenamente, passara a aguardar que todos, à sua frente, se acomodassem.

Enquanto isto, por alguns momentos, percorrera com Seu doce olhar os semblantes daquelas criaturas que, ansiosas, aguardavam a Sua fala, auscultando a intimidade das suas almas sofridas, esquecidas pelo mundo, órfãs do amor, deserdadas pela felicidade.

Instantes após, a voz ternurosa do Emissário do Amor se fizera ouvir, passando a visitar as entranhas daqueles corações desalentados, fazendo-os vislumbrar novas e esperançosas veredas que seus pés, ainda, haveriam de trilhar.

Cada palavra, cada frase, por Ele emitidas, inebriava aqueles atentos ouvintes, amainando-lhes as agruras, ressoando em suas almas como suave acalanto, embalando seus corações, tais a singeleza e a sabedoria de que se revestiam.

Os minutos escoaram céleres e, ao final daquela Sua divina preleção, a alegria a todos contagiara, quando fraternais abraços, sorrisos, esperançosos comentários se fizeram presentes, delatando o vivo contentamento que de todos se apossara.

Assim, mais uma etapa da monumental missão de Jesus, amorosamente, fora cumprida.

Ah! Momentos sublimes foram aqueles, quando tantas criaturas tiveram a ventura de usufruir a presença do mais excelso dos seres humanos que por aqui, nesta Terra abençoada, transitara.

Porém, ignorando as celestes verdades que Ele, o Cristo, viera presenteá-las, ingratas, não Lhe deram ouvidos, deixando-O inquestionavelmente só, tendo como única companhia a cruz.

Do Divino Amigo em sua jornada de luzes nada ficara grafado, porém com o cinzel do amor Ele esculpira no éter e nas almas as Suas sábias lições, transformadas que foram, com o passar dos tempos, no Seu incomparável e consolador Evangelho.

Apesar dessa luz brilhantíssima que o Cristo, pacientemente, fez espargir sobre toda a humanidade, aqui estamos nesta romagem terrena, caminhando lentamente, fazendo com que o nosso precioso tempo se escoe, na superficialidade da matéria, nos efêmeros prazeres, nas passageiras gloríolas do mundo.

Mesmo sentindo no interior das nossas almas a verdade dos Seus ensinamentos, ainda permanecemos como almas relapsas esperando do mundo suas vantagens, suas perecíveis riquezas, para então, num porvir distante, iniciarmos nossa verdadeira caminhada rumo aos braços do Sublime Peregrino do amor.

Envolvidos, sutilmente, pela matéria cativante, protelamos para o amanhã o que já deveríamos ter iniciado há muito tempo.

No aconchego do nosso lar, muitas vezes, nos encontramos diante do espelho e constatamos que os nossos cabelos já estão cobertos pela alvura dos anos, nossa pele já não aparenta o mesmo viço de outrora, nossos olhos já estão sem o brilho que os caracterizava, nossas mãos sem os reflexos da mocidade, nossos passos destituídos da segurança de antes, enfim, nosso corpo evidencia o peso dos tempos vividos.

Mesmo diante dessas verdades, ainda continuamos desejando do mundo prazeres que satisfaçam os nossos instintos, fazendo da matéria enganosa o centro absoluto da nossa existência.

O espelho, simplesmente, reflete a realidade exterior do nosso corpo físico que, pouco a pouco, vai se curvando, cansado, para, num determinado momento, vencido, entregar-se à terra acolhedora.

Entretanto, é incapaz de delatar o interior da nossa alma, suas virtudes, suas imperfeições.

No espelho, amigo sincero, todas as vezes que o utilizamos, podemos constatar que o tempo transcorre célere e necessário se torna que atentemos para o futuro e procuremos enriquecer a nossa alma, imantando-a com os ensinamentos de Jesus, para que, no porvir, possamos desfrutar a Sua celeste companhia.

Apesar do alerta que o espelho nos dá, esquecemo-lo e continuamos em busca das ilusões a que a matéria efêmera nos induz e, iludidos, ludibriamos a nossa própria razão e não conseguimos nos aperceber que os anos vão passando e com eles nossa vida também.

Por que tanto tempo desperdiçado?

Por que esta teimosia incoerente, deixando-nos envolver e enganar pelas coisas fúteis em que o mundo da matéria é pródigo?

Por quais razões não procuramos dedicar, no dia a dia das nossas existências, alguns poucos minutos à realidade do Espírito?

Por que relegamos para plano secundário o que, na verdade, é a razão do nosso existir?

Por que nos esquecemos das doces lições do Divino Amigo, deixando de ir ao encontro das almas sofridas e que ainda não se aperceberam do real sentido das Suas palavras, palavras estas que já adentraram os nossos ouvidos, acariciaram nossa razão, mas ainda não conseguiram penetrar nas profundezas do nosso coração?

Meditemos um pouco sobre a realidade do Espírito e procuremos sentir sobre os ombros o peso da nossa responsabilidade, pelo fato de termos, da referida realidade, já alguns, senão, muitos conhecimentos.

Procuremos eliminar, de nós mesmos, a indolência que dificulta os nossos passos, retardando nosso encontro com o Mártir da Cruz, empenhando-nos para sermos Seus seguidores, testemunhando a verdade dos Seus ensinamentos.

Tenhamos a certeza de que caminhamos, todos, rumo à evolução espiritual e o que deverá ser feito, assim, o será, hoje ou amanhã.

Por que perdemos tempo precioso, adiando o momento do encontro com a felicidade?

Por quê?

É necessário que tenhamos a coragem suficiente para, com o bisturi do amor e com as nossas próprias forças, realizarmos a nossa cirurgia moral, extirpando para sempre da nossa alma o egoísmo instintivo e pertinaz que, há tanto tempo, nos acompanha, colocando em seu lugar a fraternidade amorosa do terno Emissário dos Céus.

Se assim não fizermos, se protelarmos este momento cirúrgico, tão importante para a nossa evolução espiritual, a dor, mestra paciente e incansável, fatalmente, virá ao nosso encontro, fazendo, ela própria, o que deveríamos, nós mesmos, ter feito.

Não adiemos mais o nosso encontro com Jesus.

Ainda há tempo, aceleremos os passos, enquanto ainda estamos a caminho!

PARTE I

REFLEXÕES...

Revelações

Durante Suas incansáveis e redentoras peregrinações por este nosso planeta de provas e expiações, o Mártir da Cruz foi-nos enriquecendo as almas com Suas revelações, entre as quais destacaremos cinco que se constituem no escopo, no propósito deste nosso modesto trabalho.

São elas:

1ª. "E eu rogarei ao Pai e Ele vos dará outro Consolador, a fim de que esteja para sempre convosco. O Espírito da Verdade, que o mundo não pode receber, porque não o vê, nem o conhece; vós o conhecereis, porque ele habita convosco e estará em vós (...). Mas o Consolador, o Espírito Santo, a quem meu Pai enviará em meu nome, esse vos ensinará todas as coisas e vos fará lembrar de tudo o que vos tenho dito (...). Tenho ainda muito que vos dizer, mas vós não o podeis suportar agora. Quando vier, porém, o Espírito da Verdade, ele vos guiará a toda verdade; (...)." (João, 14:16-31; 16:7-33).

2ª. "Não se turbe o vosso coração. Crede em Deus, crede também em mim. Há muitas moradas na casa de meu Pai. Se assim não fosse, eu vo-lo teria dito." (João, 14:1-3).

3ª. "Derramarei o meu Espírito sobre toda a carne e vossos filhos e filhas profetizarão (...). Derramarei o meu Espírito sobre os servos e servas e eles profetizarão." (Atos dos Apóstolos, 2:17-18).

4ª. "Ouvireis falar de guerras e boatos de guerra. Ficai alerta e não vos perturbeis com isso. É necessário que assim aconteça, mas ainda não é o fim (...); haverá fome, pestes e terremotos. Mas tudo isto será apenas o princípio das dores (...). Então sobrevirá uma tribulação tão grande, como não tem havido igual desde o princípio do mundo até agora, nem jamais haverá. Se aqueles dias não fossem abreviados, não se salvaria pessoa alguma; mas aqueles dias serão abreviados em relação aos escolhidos (...)." (Mateus, 24:6-31; 25:31-46 e Marcos, 13:32).

5ª. "Bem-aventurados os mansos, porque eles possuirão a Terra!" (Mateus, 5:5).

Ao folhearmos as páginas deste livro, esses pontos irão sendo, gradualmente, abordados, com o intuito de cientificar os nossos caros leitores a respeito dos tempos inéditos e cruciais que o nosso planeta e os seus habitantes já estão e ainda haverão de vivenciar.

Evidências

É notório que, no ponto de vista material, seja qual for o ângulo que passemos a apreciar, o mundo evolui a passos rápidos, ou seja, didaticamente falando, de forma geométrica, quiçá exponencial, pois a cada momento nos sentimos impactados pelas suas incontáveis e incontroláveis conquistas.

Por esta razão, torna-se, para nós, dificultoso projetar onde haveremos de chegar e quando, tal a velocidade do afluxo de informações que, diuturnamente, nos chegam ao conhecimento, estimulando à criatividade em todos os campos da atividade humana, seja no científico, tecnológico, profissional, social, familiar...

Não há dúvidas de que o mundo da matéria se encontra na mais febril ebulição.

Em contrapartida a esta constatação, do ponto de vista espiritual, o mundo evolui a passos lentos, ou seja, de forma aritmética, pois há mais de dois milênios Jesus nos presenteou com Seus sábios ensinamentos e, até hoje, temos imensas dificuldades para colocá-los em prática, tal o marasmo que envolve as almas de grande parte dos seres humanos que militam neste planeta azul.

Nas linhas grafadas a seguir, modestamente, intentamos diagnosticar o porquê desta inequívoca divergência no comportamento destes dois mundos, o material e o espiritual.

Durante o processo evolutivo, nosso princípio inteligente percorre, em sequência, os reinos mineral, vegetal, animal e, por fim, o hominal, vivenciando, em cada um deles, experiências riquíssimas que irão se transformando nas bases fundamentais que nortearão nossa caminhada pela esteira do tempo.

No reino mineral aprendemos a vibrar, no vegetal aprimoramos a sensibilidade, no animal adquirimos o instinto e no hominal conquistamos a razão.

Assim sendo, no transcorrer deste ciclo de aprendizados, nosso princípio inteligente foi enriquecendo-se de incontáveis conhecimentos, alcançando o seu ápice, pensávamos, quando adquirira a razão.

Todavia, por meio das experiências vivenciadas na esteira das nossas encarnações, fomos sentindo a necessidade de galgarmos um outro importante degrau em nossa escalada evolutiva.

A razão, que até então era considerada como o ponto mais alto do conhecimento humano, passou a ser mais profundamente analisada, impelindo-nos a deduzir que ela, a razão, constitui-se, na verdade, em um trampolim para que venhamos a alcançar um outro e fundamental patamar na esteira incansável da nossa evolução e que denominamos de consciência.

Enquanto a razão, em grande parte das vezes, é tendenciosa, focada em nós mesmos, em nossos interesses e desejos, a consciência vai muito mais além, incluindo o próximo no rol dos nossos pensamentos, palavras, atitudes e ações, logicamente voltados para o bem.

Assim sendo, poderíamos enumerar um sem-número de situações em que se defrontam e duelam a razão *versus* consciência, cabendo a cada um de nós decidir qual delas será a vencedora.

É do nosso conhecimento a existência de criaturas em que a razão egoística sempre prepondera, fazendo-nos concluir que ainda ignoram os nobres sentimentos, agindo fria e calculadamente, sem darem a mínima atenção às aflições e às dores alheias, como se os irmãos sofridos do caminho fossem insensíveis, desprovidos de sentimentos e necessidades (Consciência Adormecida).

Por outro lado, iremos encontrar seres humanos que já principiaram a perceber, nas entranhas das suas almas, a existência de alguns *flashes* de fraternidade, sentindo-se, por isto, motivados a fazer algo em favor do próximo carente e necessitado.

Todavia, ainda titubeiam e, não raro, deixam-se dominar, uma vez mais, pela razão egoística que ainda os envolve e os aprisiona, desistindo de bem agir, perdendo a oportunidade de exercitarem-se pelas estradas perfumadas do amor (Consciência Despertada).

Mais adiante, em nosso percurso existencial, felizmente, também iremos nos deparar com outras tantas criaturas que não mais se encontram indecisas, intimidadas, temerosas, fazendo uso da Consciência Plena em todos os momentos e em todos os campos das suas atividades, sejam elas familiares, profissionais, sociais..., vivenciando o amor incondicional junto a todos aqueles que cruzam os seus caminhos, colaborando para que um mundo melhor venha a se descortinar, onde a paz e o amor sejam as bandeiras a tremularem nos corações.

Enfim, para que possamos alcançar e, consequentemente, desfrutar as benesses desta Consciência Plena, é nosso dever propormo-nos, muitas vezes, a transitar pelas veredas da caridade, da humildade, do perdão, da renúncia, pensando, falando, atuando, agindo em todos os instantes da nossa vida, como se Ele, Jesus, estivesse em nosso lugar.

Não há dúvidas de que boa parte dos seres humanos que vivenciam experiências diversas, neste planeta Terra, ainda não se encontram devidamente focados nas nuanças fundamentais que regem suas existências espirituais.

Envolvidos pelas mais variadas e atribuladas situações que o mundo da matéria os incita a experimentar, a interagir e, por elas, deixando-se influenciar, acabam por não dar a devida importância à espiritualidade, perdendo-se, irrefletidamente, em um labirinto de palavras, atitudes e ações, que, dia após dia, os fazem distanciar-se do Pai de infinita misericórdia e dos sublimes ensinamentos de Jesus, comprometendo o hoje e o amanhã das suas existências.

Enquanto a vida transcorre serena, liberta dos percalços de maior impacto, é comum observarmos as criaturas humanas esquecerem-se de Deus e, quando Dele se lembram, assim o fazem por meio de uma rápida e, por vezes, sonolenta prece ou, então, encaminhando-se a um templo religioso ao qual se filiaram ou simpatizaram, providências estas que, não raro, retratam uma espécie de obrigação a ser cumprida, visando sentirem-se em paz com suas consciências perante a espiritualidade maior.

Tanto é verdade, que muitos irmãos de jornada ilustram não estarem devidamente convictos dos princípios religiosos que adotaram, pois, em grande parte das vezes, apenas os tangenciam, sem se aprofundarem em seus conhecimentos, apegando-se à letra e não essência do seu conteúdo, tornando suas almas reféns das mais diversas e pueris dúvidas, sobretudo, aquela que diz respeito à continuidade da vida após a morte do veículo físico.

Por outro lado, quando essas mesmas criaturas se veem impactadas, abaladas pelos ditames da vida, despreparadas para enfrentá-los com coragem e serenidade, ansiosas e desesperadas, lembram-se de Deus, rogando-Lhe ajuda e comiseração, na expectativa de que tudo será por Ele resolvido e que a paz voltará a reinar, olvidando-se de que é fundamental agirem em favor de si mesmos, sem prejuízo do próximo, fazendo a parte que lhes compete, não transferindo a tarefa, a obrigação que lhes pertence, muitas vezes, fruto de seus próprios e inconsequentes deslizes, para o Pai realizá-la.

Advento do Espiritismo

Na manhã do dia 18 de abril de 1857, foram entregues pela Tipografia de Beau, à Livraria Dentu, situada na Rua Montpensier, os primeiros exemplares do *Livro dos Espíritos*. À tarde, do mesmo dia, Allan Kardec para lá se dirigiu, quando o sr. Clement, que a gerenciava, o recepcionou com efusivo abraço, externando sua alegria, dizendo-lhe:

"Os livros chegaram e já foram vendidos mais de 50 exemplares até agora".

Nessa data histórica, viera à lume o primeiro livro desta incomparável doutrina, presenteando a humanidade com os sábios ensinamentos que os Espíritos, ali, ilustraram.

Do outro lado da vida, os Espíritos superiores, encarregados que foram por Jesus de transmitirem para o mundo a nova revelação, mobilizavam-se para que, a partir daquela data, o espiritismo se consolidasse. Para tal, o primeiro passo havia sido dado.

Em sequência, no ano de 1861, fora lançado o *Livro dos Médiuns;* em 1864 *O Evangelho segundo o Espiritismo;* em 1865 *O Céu e o Inferno* e, por último, em 1868, *A Gênese*, constituindo-se nos alicerces inabaláveis da Codificação Espírita, também conhecidos como "O Pentateuco Kardequiano".

Neles, Allan Kardec reuniu de forma clara, didática e objetiva, os ensinamentos que os Espíritos de Escol nos legaram.

Assim sendo, não restam dúvidas de que a Primeira Revelação, das cinco Revelações, já citadas no início deste livro, que Jesus nos fizera durante sua sublime peregrinação por este planeta azul, fora integralmente cumprida, ao enviar-nos o "Consolador Prometido" na figura do espiritismo, para que assim possamos fazer luzir as nossas almas, ainda tão distantes da seara do amor incondicional.

Antes de adentrar as fronteiras brasileiras, *O Livro dos Espíritos* tivera de enfrentar algumas dificuldades, entre elas, a de ser editado em francês e, por conseguinte, ser acessado, em sua maioria, por intelectuais da época, os quais tinham o conhecimento da língua francesa.

Sensibilizados, impactados pelo conteúdo da obra, esses senhores foram se conscientizando da necessidade premente de traduzi-la para o idioma português, a fim de que viesse a ser conhecida por maior número de pessoas, expandindo, assim, sua divulgação e estudo pelo Brasil afora.

Enfim, 18 anos após o seu lançamento em Paris, surgia em nosso solo pátrio o primeiro exemplar, em língua portuguesa, dessa monumental obra.

Foi assim que um desses exemplares chegou às mãos do nosso querido Adolfo Bezerra de Menezes, que, de pronto, sentira-se cativado pelo conteúdo inusitado da referida obra.

Estava, assim, reservada ao Médico dos Pobres uma tarefa missionária com relação ao espiritismo, qual seja a de conciliar as divergências existentes na época e consolidar a Doutrina Espírita no território brasileiro.

Esta sua missão consolidou-se em agosto de 1895, quando assumiu a presidência da Federação Espírita Brasileira, fundada nos idos de 1884.

Neste mesmo Livro Iluminado, nas questões 55 e 181, destinadas aos Espíritos que colaboraram com esta magnífica obra, "eles" assim se manifestaram, confirmando a Segunda Revelação, qual seja: "Na casa de meu Pai há muitas moradas".[1]

Questão 55

Pergunta: *Todos os globos que circulam no espaço são habitados?*

Resposta: *Sim, e o homem na Terra está longe de ser, como pensa, o primeiro em inteligência, bondade e perfeição. Há homens que se julgam superiores a tudo e imaginam que somente este pequeno globo tem o privilégio de ter seres*

---

[1] Quanto a 4ª e a 5ª Revelações, durante a leitura deste livro, o prezado leitor irá conscientizando-se de que já estão em curso.

racionais. Orgulho e vaidade! Acreditam que Deus criou o universo só para eles.

Deus povoou os mundos com seres vivos, todos convergindo para o objetivo final da Providência. Acreditar que só existem seres vivos no planeta que habitamos seria colocar em dúvida a sabedoria de Deus, que não faz nada inútil. A cada um desses mundos, Deus deve ter dado uma destinação mais séria do que divertir as nossas vistas. Nada, aliás, nem pela posição, nem pelo volume, nem pela constituição física da Terra, pode razoavelmente fazer supor que seja a única a ter o privilégio de ser habitada, com exclusão de tantos milhares de mundos semelhantes.

Questão 181

Pergunta: *Os seres que habitam os diferentes mundos possuem corpo semelhante ao nosso?*

Resposta: *Sem dúvida possuem corpo, porque é preciso que o Espírito esteja revestido de matéria para agir sobre a matéria. Porém, esse corpo é mais ou menos material, de acordo com o grau de pureza a que chegaram os Espíritos. E é isso que diferencia os mundos que devem percorrer; porque há muitas moradas na casa do nosso Pai e, portanto, muitos graus. Alguns o sabem e têm consciência disso na Terra; outros não sabem nada.*

Por outro lado, as respostas que Espíritos diversos nos presentearam por meio deste livro-luz e de outros que compõem o Pentateuco, por si sós, indicam, claramente, que a Terceira Revelação do Mártir da Cruz: *"Derramarei o meu Espírito sobre toda a carne e vossos filhos e filhas profetizarão (...). Derramarei o meu Espírito sobre os servos e servas e eles profetizarão."*, fica cabalmente confirmada, ao mesmo tempo em que, de forma inequívoca, acabara por se constituir num marco, propriamente dito, do início do conhecimento e da expansão da mediunidade em todo o mundo.

Os Continuadores

No Exterior

Renomados pesquisadores e cientistas da época aderiram à emergente causa espírita, como Léon Denis, William Crookes, Gabriel Delanne, Camille Flammarion, Alexandre Aksakof, Gustave Geley, William Barrett, Oliver Lodge, Ernesto Bozzano, Alber de Rochas, Cesare Lombroso, Pierre Gaetan Leymarie e o destacado Prêmio Nobel de Fisiologia, Charles Richet, dando prosseguimento às pesquisas e investigações a respeito do espiritismo, razão pela qual são denominados de seus continuadores.

Naqueles momentos históricos, notáveis médiuns, como Eusapia Palladino, Daniel Dunglas Home, Amália Domingo Soler, entre outros, somaram-se à nobre causa, contribuindo, de forma incontestável, para a expansão da divulgação, do conhecimento e da credibilidade da monumental obra codificada por Allan Kardec.

No Brasil

Em 1910, reencarnava, em terras brasileiras, Francisco Cândido Xavier que, com o passar do tempo, haveria de se tornar, na opinião de escritores, jornalistas, biógrafos, espiritualistas e espíritas, no maior médium brasileiro de todos os tempos.

Além do nosso querido e saudoso Chico, "cisco" como ele próprio dizia ser, outros notáveis médiuns brasileiros surgiram, contribuindo, inquestionavelmente, para que o Espiritismo, gradualmente, fincasse seus inabaláveis alicerces no Brasil – Coração do Mundo Pátria do Evangelho – conforme o Espírito Humberto de Campos, por meio da mediunidade do Chico, assim o denominou.

Entre eles, citamos alguns dos seus valorosos contemporâneos, como Divaldo Pereira Franco, Ivone A. Pereira, Zilda Gama, João Nunes Maia, Hercílio Maes, entre outros de reconhecido valor.

Tendo em vista o objetivo fundamental destes modestos escritos, qual seja o de oferecer ao leitor subsídios para que melhor possa avaliar o atual momento de transição por que passa o nosso planeta e toda a humanidade, a partir de agora, iremos enfocar os enriquecedores esclarecimentos que os Espíritos Ramatis, Manoel Philomeno de Miranda e Lucius nos legaram, respectivamente, por meio da mediunidade psicográfica, merecedora de todo o nosso apreço, de Hercílio Maes, Divaldo Pereira Franco e André Luiz Ruiz.

Alguns flashes sobre Hercílio Maes

Paranaense de Curitiba, nascido de família humilde, desde os 8 anos passou a trabalhar, vendendo jornais, colaborando, modestamente, para a manutenção da família.

Aos 3 anos de idade, ocorreu o seu primeiro encontro com o Espírito Ramatis, que se materializou diante dele e que o iria acompanhar durante toda a sua profícua caminhada terrena.

Aos 30 anos, quando repousava em seu leito, após gratificante e singela leitura, ressurgiu em sua tela mental a imagem de Ramatis.

Assim sendo, mentalmente, passara a pressentir-lhe a presença e, por meio da sua voz silenciosa, sentira como se Ramatis o estivesse a recordar dos nobres compromissos que ambos, discípulo e mestre, há tempos idos, haviam, entre si, acordado.

Estudioso de diversas correntes espiritualistas e determinado em seus objetivos e responsabilidades, teve na psicografia sua principal tarefa, todavia, não fora a única, pois a psicofonia, a vidência e a de receitista complementavam o seu rico acervo mediúnico.

Aos poucos, tornara-se experto em Radiestesia, enquanto que, por meio do receituário homeopático, atendia numerosos enfermos, em modesto centro espírita da capital paranaense.

Caracterizou-se não só pela simplicidade, como também pela generosidade e singeleza com que presenteava àqueles que, com ele, mantinham contato.

Durante as palestras que proferia, cativava o público que, atento e interessado, acompanhava suas transcendentais e bem-humoradas preleções.

O Espírito Ramatis, valendo-se da extraordinária mediunidade de Hercílio, ditou-lhe enriquecedor conjunto de obras que, gradualmente, acabaram por conquistar um sem-número de ávidos e assíduos leitores.

Suas abordagens fluentes, didáticas, claras, objetivas e, ao mesmo tempo, profundas, sem dúvida, constituem-se em inquestionável acervo de sabedoria oculta, transcendental.

Aos 35 anos, Hercílio iniciou o seu trabalho psicográfico, assim permanecendo por 27 anos. Durante esse período, recebeu, mediunicamente, 15 obras, sendo 12 de Ramatís e três do Espírito Atanagildo, seu discípulo, a saber:

- *A Vida no Planeta Marte e os Discos Voadores* (1955)
- *Mensagens do Astral* (1956)
- *A Vida Al*ém da Sepultura (1957)
- *A Sobrevivência do Esp*írito (1958)
- *Fisiologia da Alma* (1959)
- *Mediunismo* (1960)
- *Mediunidade de Cura* (1963)
- *O Sublime Peregrino* (1964)
- *Elucidações do Al*ém (1964)
- *Semeando e Colhendo* (1965)
- *A Missão do Espiritismo* (1967)

- *Magia de Redenção* (1967)
- *A Vida Humana e o Espírito* Imortal (1970)
- *O Evangelho à Luz do Cosmo* (1974)
- *Sob a Luz do Espiritismo* (1999)

Tão logo esses escritos foram colocados à disposição do público, Hercílio Maes passou a sofrer severas críticas a respeito do conteúdo das obras, provenientes, inclusive, de alguns confrades espíritas que, de forma preconceituosa, no mínimo precipitada (hoje temos certeza disto), colocavam dúvidas quanto à origem e consequente veracidade dos escritos ali exarados, fato este que contribuiu, significativamente, para que a lavra de Hercílio não alcançasse a abrangência e o sucesso com a rapidez que o seu esclarecedor conteúdo, inquestionavelmente, merecia.

Todavia, Edgard Armond, um dos personagens proeminentes do espiritismo em terras brasileiras, tornou-se determinado defensor das obras de Ramatis, na época, utilizando-se do jornal *O Semeador*, órgão da FEESP para fazê-lo. A partir de então, agradecido, Hercílio passou a corresponder-se com o comandante (como Armond era conhecido), assim permanecendo por longo tempo, reascendendo, entre ambos, a chama da amizade que se prolongava desde existências passadas.

Nessa mesma época, aconteceu um fato interessante e que merece ser citado. Em certa ocasião, perguntaram a Chico Xavier qual era sua opinião a respeito do Espírito Ramatis, quando, então, naturalmente, respondeu:

"Trata-se de um Espírito que está além do nosso tempo".

Décadas depois, com os inúmeros acontecimentos que vêm ocorrendo, não nos parece haver mais dúvidas de que a lavra de Ramatis está perfeitamente situada nos tempos atuais.

PARTE II

A TERRA EM TRANSFORMAÇÃO

OCORRÊNCIAS FÍSICAS E OCULTAS

Capítulo 1

Recordações

Na década de 1970, afortunadamente, tive em mãos o meu primeiro livro da lavra de Ramatis, intitulado *Mensagens do Astral*.

Ao percorrer com os olhos ansiosos os primeiros parágrafos nele contidos, de imediato, fora atraído e impactado pelo inusitado e pela profundidade das suas abordagens transcendentais, sentindo-me, pouco a pouco, estimulado a ler as demais obras desse sábio Espírito, o que fui fazendo com inquestionável satisfação e avidez.

Foi tal o desejo de me abeberar dos conhecimentos por ele ali exarados, que, em pouco tempo, já havia lido a totalidade dos demais volumes que, até então, haviam sido editados.

Transcorridos mais de 40 anos desde o meu primeiro contato com as obras de Ramatis, psicografadas por Hercílio Maes, consciente da minha pequenez, humildemente, me proponho a tecer algumas modestas apreciações sobre o conteúdo desses verdadeiros compêndios espirituais que enriqueceram a minha alma de inestimáveis valores, tal qual o fizeram Allan Kardec, Chico Xavier, Divaldo Pereira Franco... e tantos outros aqui já citados, aos quais rendo os meus mais sinceros agradecimentos pelo magistral legado a todos nós, incondicionalmente, ofertado.

De todo o manancial espiritual de que se revestem os escritos de Hercílio Maes, e considerando a finalidade precípua do livro que o atento leitor tem em mãos, pinçamos apenas dois palpitantes assuntos, quais sejam: "Os Tempos são chegados" e "O Astro Intruso e a sua influência sobre a Terra", publicados cerca de seis décadas atrás e, sobre os quais, o convidamos para nos acompanhar em seus desdobramentos.

No primeiro deles, o Espírito Ramatis assim se manifesta:

"Posso dizer-vos que já estais vivendo essa época anunciada pelas profecias milenárias, por João Evangelista, no apocalipse, e, principalmente, por Jesus, na síntese simbólica que nos legou em seu Evangelho. No entanto, os sinais insólitos, que aparecerem nos céus ou na Terra, não representam milagres ou perturbação das leis imutáveis do Criador, mas eventos científicos ou estranhos ao orbe, sem derrogarem os princípios divinos, na época denominada "Fim dos Tempos."

Afora esses previstos e inusitados sinais e que, pouco a pouco, vão se confirmando, como erupções vulcânicas, terremotos, tornados, furacões, ciclones, inundações, tsunamis..., em crescentes e intensas manifestações, bastando para tanto acompanharmos o noticiário internacional, queremos lembrar ao atento leitor que, como o objetivo primordial do livro que está em suas mãos é o de alertá-lo acerca da Transição Planetária, gradualmente iremos disponibilizando-lhe elementos transcendentais que se encontram latentes no mundo oculto que nos rodeia, a fim de que venha sentir-se motivado a sobre eles refletir, formando, assim, o seu próprio juízo a respeito deste momento único pelo qual temos o privilégio de, há já algum tempo, estarmos passando e que são de suma importância para a nossa tão esperada ascensão espiritual.

No segundo, desde as primeiras linhas deste sugestivo e interessante tópico, fomos sendo motivados a clara e objetivamente depreender que:

1) Trata-se de um planeta fora do sistema solar, porém, dele se aproximando.[2]

2) Maior do que a Terra e sua aura astral é cerca de 3.200 vezes maior do que a do nosso orbe.

3) Durante a sua visita ao nosso sistema solar, provocará alterações compatíveis com os volumes, rotas e movimentos dos orbes que rodopiam ao redor do

---

[2] • **Nota do autor:** A este respeito, não podemos deixar de citar um fato, a nosso ver, relevante. Transcorria meados da primeira década do segundo milênio quando, assistindo a um conceituado noticiário televisivo, o comunicador se manifestou dizendo que os cientistas haviam descoberto um novo planeta com as seguintes características:

a) Fora do sistema solar;

b) Maior do que a Terra;

c) De constituição predominantemente rochosa, ou seja, compatível com as características do Astro Intruso a que Ramatis, há seis décadas, nos houvera alertado.

Sol, perdurando enquanto permanecerem à mercê do poderoso campo magnético desse enorme visitante.

4) Quanto à Terra, o providencial e higienizador magnetismo do astro intruso promoverá, gradualmente, a verticalização do seu eixo imaginário, trazendo-nos suas contundentes consequências. Nosso satélite, a Lua, devido, principalmente, à referida verticalização do nosso orbe, será a mais afetada, pois irão ocorrer alterações em suas coordenadas de sustentação referentes ao seu plano etéreo-astral.

5) O campo mineral do seu núcleo rígido é consideravelmente compacto, possuindo um magnetismo rudimentar, rústico, assemelhando-se a um enorme e poderoso imã-sideral, atraindo para si as energias corrompidas, enfermiças, que envolvem o nosso planeta, devido, em grande parte, à somatória dos pensamentos censuráveis que a mente humana arredia e distraída, teimosamente, não cessa de produzir.

6) A Terra e seus habitantes, desde o início da década de 1950, ou seja, mais de 60 anos atrás, vêm sendo alvo das primeiras influências do Planeta Intruso. Neste período, propriamente dito, teve início o ciclo de desajustes climáticos e manifestações geológicas, em princípio, de forma lenta e sutil e que, com o passar do tempo, iriam, como na realidade vem ocorrendo, intensificar-se não só na frequência como, também, na agressividade. Simultaneamente, sua influência nociva passou a exercitar-se, também, no

mundo oculto, afetando, pouco a pouco, a harmonia espiritual da humanidade.

7) A influência do referido planeta é de fundo magnético, tendo como objetivo primordial atrair para o seu campo etéreo-astral os desencarnados compatíveis e sintonizados com as vibrações rudimentares, primitivas que o orbe visitante emite. Ao mesmo tempo, esse astro higienizador estará agindo como um gigantesco aspirador magnético, absorvendo os miasmas que envolvem o nosso globo, produzidos pelas mentes desajustadas e corrompidas de grande parte da humanidade, encarnada e desencarnada, que ainda milita no solo e na aura-astral do nosso planeta, dificultando, sobremaneira, a intercessão benfazeja dos Espíritos do bem, em favor de todos. Desta forma, gradativamente, a atmosfera fluídica da Terra irá sendo arejada, preparando-se para um novo e otimista amanhã, quando, então, será guindada à categoria dos mundos regenerados.

8) Os fluidos densos que envolvem o Planeta Intruso, resultantes do seu magnetismo agressivo, atuam sintonizando-se com igual potencial pulsante na intimidade de cada Espírito encarnado e desencarnado que vivencia experiências tantas ao redor do nosso orbe. Como consequência, será notório o recrudescimento das aptidões e dos desejos condenáveis que ainda pululam no seio da humanidade distraída e irresponsável. O mais insignificante pensamento

licencioso encontrará campo fértil para alastrar-se, influenciando as mentes sequiosas de sensações condenáveis, animalizadas. Essa excitação avassaladora, instalando-se na intimidade das almas relapsas, frágeis, influenciáveis, intensificará os seus instintos censuráveis, que, até então, como que dormitavam, aguardando o momento propício para eclodirem, materializando-se em forma de palavras, gestos, atitudes e ações, ilustrando o estágio espiritual em que ainda se encontram reféns. Esse magnetismo inferior que envolve o nosso planeta se constitui em um verdadeiro e grosseiro caldo de cultura, contribuindo para a proliferação das entidades trevosas, que, assim alimentadas, fortalecem-se, espargindo a devassidão e a libertinagem. Aqueles que não conseguirem despertar deste inconsequente sono espiritual, pouco a pouco, acabarão por atender ao apelo degradado do Astro Intruso, para ele, oportunamente, imigrando. Assim sendo, gradualmente, o nosso Planeta Azul estará sendo higienizado, preparando-se para ocupar uma nova posição planetária. Por outro lado, os Espíritos dos encarnados e desencarnados que se deixarem enlaçar pelos braços aconchegantes do Cristo Jesus, aqui permanecerão, uns vivenciando tantas experiências redentoras, enquanto outros estarão aguardando o momento oportuno para reencarnarem, contribuindo, também, ao seu tempo, para o arejamento harmonioso do nosso orbe.

9) O Astro Higienizador que nos está visitando somente irá atrair para si o *quantum* magnético terráqueo que, com ele, for compatível e, como consequência, os Espíritos que, teimosamente, permanecem transitando nas adjacências do nosso orbe, afinizados com o referido planeta, serão atraídos, como que sugados, implacavelmente, para a sua atmosfera astral primitiva, perturbada, de conformidade com o degrau espiritual deplorável em que ainda estagiam.

10) As criaturas que na Terra haverão de estar presentes após a passagem do Orbe Higienizador, assim como os Espíritos que em nosso planeta haverão de reencarnar, formarão agrupamentos afinizados com o Cristo, continuando suas respectivas e promissoras romagens, contribuindo, cada qual, para a reformulação da Terra, empenhando-se para obter a vitória maiúscula sobre si mesmos, ampliando, cada vez mais, o tesouro imperecível das suas consciências cristianizadas.

11) A visita deste planeta rústico em suas características físicas e ocultas já estava prevista, há longos evos, pelo Plano Maior, que aguardava o tempo oportuno e inadiável para implementá-la. O tempo é chegado, pois a humanidade passa por provas e expiações severas, chegando às fronteiras do quase insuportável, tal a desordem, a insegurança, as injustiças, o desrespeito, a insensibilidade, o vandalismo, a desonestidade, a degradação, a mentira, a dissimulação, a devassidão,

os vícios, o desamor e outros desvios comportamentais, que se alastram de forma imponderável. Em vista deste preocupante e amedrontador cenário mundial, a Terapêutica Espiritual não poderia adiar para o amanhã as providências que se fazem necessárias na atualidade, quando a maioria dos seres humanos ilustra a distração e o desinteresse pelas conquistas de nobres valores da alma, deixando-se enlaçar pelos tentáculos pegajosos do mundo da matéria efêmera e ilusória. Assim sendo, por meio das provas acerbas pelas quais os seres humanos passaram, ainda passam e passarão, rumo à redenção, o Plano Espiritual que nos assiste e orienta aguarda, pacientemente, que com o amainar das tempestades, a humanidade carente venha a resgatar os valores inestimáveis do Espírito, perdidos que foram, com o desenrolar dos séculos.

Os tópicos abordados, depreendidos do fascinante acervo do Espírito Ramatis, por certo, merecerão por parte do atento leitor profundas meditações.

Desvios Comportamentais

De todos os desvios comportamentais que o ser humano demonstra durante o seu caminhar por este planeta de provas e expiações, neste momento, um deles merece nossa especial atenção e referência. Nele alicerçados e por ele seduzidos, incontáveis criaturas humanas, desatentas e irresponsáveis, vêm perdendo o seu equilíbrio mental, arrastando-se pelas calçadas da vida, deixando-se dominar pelo instinto animalizado que, fundamentalmente, vem interferindo na liberdade e na harmonia de si mesmas, na de terceiros, na de famílias, de bairros, cidades e até nações, tal a insensatez e a agressividade incontroláveis e, por vezes, criminosas de que são portadoras.

Esses infelizes e inconsequentes irmãos de jornada planetária chegam mesmo a não se importar com a própria sobrevivência, pois o que lhes interessa e motiva é a sensação do momento e o desejo doentio e irrefreável que aniquila a razão e o próprio sentimento, maculando com tintas grosseiras e escurecidas os refolhos das suas almas, ainda tão distantes de

Jesus. Estamos nos referindo ao vício da Drogadição, hoje, incontestavelmente, disseminado em todos os quadrantes deste nosso planeta azul, contribuindo de forma gradual, constante e audaciosa para a desarmonização da humanidade.

Com o passar do tempo o indivíduo usuário de drogas, delas se tornando súdito fiel, vai se transformando em alvo de doenças de várias etiologias e que, aos poucos, vão minando a sua saúde física.

Porém, o maior impacto provocado pelas drogas verifica-se no seu campo mental, desequilibrando a intimidade da sua alma frágil e relapsa, tornando-o um pária da atual sociedade terráquea.

Acontece que a droga, infiltrando-se em seu arcabouço físico, vai nele provocando alguns desajustes, mormente no que diz respeito às atividades psíquicas da glândula pineal, considerada pelo Espírito André Luiz no livro *Missionários da Luz*, como sendo “glândula da vida espiritual”.

Acerca deste assunto, o dr. Sergio Felipe de Oliveira, após analisar a estrutura da referida glândula, nela verificou a presença de cristais de apatita, mineral encontrado na natureza e que, de acordo com suas pesquisas, tem a capacidade de captar campos magnéticos, sendo, por meio deles, que o plano espiritual age e se manifesta.

Como, sob o efeito das drogas, a pineal do usuário desajusta-se, desequilibra-se, a bondosa intercessão dos Espíritos em seu favor se vê prejudicada, até mesmo impossibilitada, o que, com o passar do tempo, acabará por aliená-lo do auxílio espiritual que a todos nós é concedido.

Os desajustes também acabam ocorrendo nas atividades do seu sistema nervoso parassimpático que, em grandes linhas, se vê prejudicado em suas funções moderadoras exercidas sobre o sistema nervoso simpático, responsável pelo campo complexo e imponderado das emoções.

Assim, diminuída, arrefecida a ação benéfica do primeiro sobre o segundo, o usuário de drogas fica cativo das emoções instintivas, desequilibradas, cometendo impactantes barbáries, distanciando-se, cada vez mais, das veredas perfumadas dos nobres sentimentos.

A respeito da atual e preocupante chaga da humanidade que se alastra, incontida pelo mundo afora, ou seja, as drogas, o Espírito Luiz Sergio, utilizando-se das faculdades mediúnicas de Irene Pacheco Machado, assim nos relata no capítulo 1, página 11 – 12ª edição do livro *Driblando a Dor*:

(...) – "Prezados irmãos em Jesus. Estamos empenhados em combater o maior dos males que hoje afeta a humanidade: a droga. E a sociedade, indiferente, vira as costas ao viciado. Propomos organizar um trabalho, esperando contar com a boa vontade de espíritos que, mesmo já possuindo condição de viver em planos melhores, preocupados se encontram com a dor dos que ainda sofrem na terra e se juntaram a nós para dar, àqueles que ficaram, orientação sobre a <u>*besta*</u>

do Apocalipse: a droga **(grifo nosso)**. *Precisamos de almas desprendidas e com esperança nos planos sublimes, porque se avolumam as que gemem de dor e remorso nas esquinas e ruelas do planeta Terra". (...).*

Não restam dúvidas quanto ao teor impactante deste pensamento do Espírito em referência, transformado que fora em palavras.

Outro assunto que consideramos de suma importância, inserido, também, no cenário dos desvios comportamentais que grassam na humanidade atual globalizada, é o que denominamos de ansiedade.

A ansiedade, em muitas ocasiões, nos faz companhia, evidenciando seu poder, sua ascendência sobre nós.

A sua presença embaça os nossos olhos, não nos permitindo visualizar as belezas que, generosamente, o mundo nos oferece.

Os nossos ouvidos tornam-se insensíveis aos acordes maviosos da vida, percebendo tão somente o tilintar egoístico do nosso querer.

Nossas palavras carecem de harmonia e brandura, fazendo com que as frases por nós emitidas exalem a acidez dos nossos pensamentos.

Nossa presença, isenta de calor humano, evidencia a frieza do nosso coração, externando, aos olhos do mundo, os nossos sentimentos egoístas.

A ansiedade nos incita a colher o fruto verde, ainda impróprio para o deleite do nosso paladar, ao passo que a paciência, mansamente, nos faz aguardar o momento propício para a colheita, fazendo-nos usufruir o justo valor que o alimento em sua contextura encerra.

A ansiedade entorpece a nossa sensibilidade, encarcerando a nossa alma, fazendo-a prisioneira do instinto, enaltecendo a efêmera matéria.

Nesta azáfama, não nos apercebemos da doce presença do amigo espiritual acompanhando os nossos passos inseguros, inspirando-nos a caminhada, levando ao nosso coração ondas de paz, de carinho, de harmonia, de amor.

Sorri com as nossas alegrias, enxuga o nosso pranto, deseja-nos um bom-dia, diz-nos boa-noite, velando o nosso sono.

Estimula-nos a praticar a caridade, a humildade, a compreensão, o entendimento, o perdão.

Oferta-nos, fraternalmente, seu tempo e nós, impassíveis, pouco ou nada lhe oferecemos.

Quantas vezes ilumina o nosso caminho, auxiliando-nos para que não venhamos a tropeçar e nós, cativos das ilusões, buscamos outras estradas que, fatalmente, nos conduzirão a outras paragens, ilusórias e fugazes.

Comportamo-nos, na maioria das vezes, como verdadeiros autistas, nada percebendo, nada sentindo, nada detectando.

Em todas as ocasiões em que nos apercebemos envoltos pela ansiedade, tenhamos a certeza de que estaremos nos afastando desse companheiro espiritual amoroso e, consequentemente, apartando-nos de Jesus.

A você, caro leitor, atento às nossas modestas ponderações, gostaríamos de fazer-lhe um pedido: Medite! Reflita sobre estas linhas que seus olhos percorreram, pois, apaziguando sua mente, dulcificando o seu coração, entrará em sintonia com o amigo espiritual que lhe presenteia com a companhia e, intuitivamente, usufruirá os seus tesouros espirituais, conquistados ao longo do carreiro profícuo das suas encarnações.

Dando continuidade ao tema ansiedade, pedimos sua licença, caro leitor, para abordar um palpitante assunto que encontramos ao navegar pelos mares piscosos da Internet.

Na década de 1950, quando transcorria o ano de 1952, o físico alemão W. O. Schumann demonstrou que a Terra é rodeada por colossal campo magnético que se estende desde a sua superfície até, aproximadamente, cem quilômetros acima.

Esse extraordinário campo magnético pulsa como se fosse o coração do orbe no qual habitamos, evidenciando uma ressonância de 7,83 hertz (ondulações elétricas) por segundo, que, há longo tempo, mantinha-se estável, até que a partir da década de 1980 passou a apresentar variações, passando das 7,83 pulsações para 11 e 13 hertz por segundo, ou seja, 66% a mais.

Essa ocorrência, conforme parecer do teólogo Leonard Boff, vem afetando a harmonia do planeta e dos seus habitantes, explicando, também, que esse aumento na aceleração influencia o próprio tempo. Assim sendo, o ciclo de 24 horas do dia, na verdade, representa 16 horas, ou seja, a percepção de que o tempo está passando muito rápido não é imaginária, mas seria baseada na referida ressonância.

Em vista destas estimulantes considerações, sentimo-nos impelidos a perguntar, a nós mesmos e ao nosso caro leitor:

Será que o recrudescimento da atual ansiedade humana está ligado aos resultados das pesquisas realizadas pelo conceituado físico alemão? Sem dúvida é um excelente tema para as nossas reflexões à luz da grande transição que já estamos experienciando.

Espero que as duas abordagens que acabamos de fazer, referentes aos temas Drogadição e Ansiedade, venham estimular o prezado leitor às suas oportunas pesquisas e análises.

Tempos Atrás

Transcorria um sereno início de noite de um caloroso domingo quando, descontraído e melancólico, destinei meu olhar para o firmamento, esperançoso de nele encontrar colares de estrelas faiscantes plenas de vida, exaltando a criação divina. Assim permaneci por longos minutos, inebriado pela beleza exuberante do espaço sideral que me envolvia e que, sem nada exigir, apenas me presenteava.

Apesar desse cenário magnífico, que desfilava, docemente, diante dos meus olhos, enaltecendo a vida e o Seu criador, a melancolia, teimosamente, permanecia junto de mim, acinzentando, naqueles momentos, a minha alma, sem que eu encontrasse uma explicação para que tal ocorresse.

Na busca de justificativas e para dissipar o desconforto que, impassível e irreverente, me enlaçava, pus-me a refletir.

Não há dúvidas de que as aflições e as dores da humanidade se encontram presentes em todas as latitudes do nosso planeta, alcançando níveis, até então, jamais atingidos.

As palavras, os hábitos e as ações condenáveis grassam, incontidas, no seio da sociedade humana globalizada, fazendo-a assemelhar-se a um imenso conglomerado de criaturas asselvajadas, obcecadas e ansiosas, agindo e atuando na busca incessante e desenfreada das efêmeras e ilusórias gloríolas do mundo materialista, esquecidas que estão dos amorosos e sábios ensinamentos do Mestre de todos os mestres.

Os processos obsessivos e depressivos assolam a humanidade, traduzindo o seu caráter epidêmico. As drogas, o sexo inconsequente, os vícios de todos os matizes, os crimes hediondos, as atitudes de desrespeito às leis e às pessoas, a insegurança, a falta de liberdade e de caráter tornam-se, a cada dia, mais evidentes e frequentes, fazendo-nos visualizar as paisagens grotescas e atemorizantes que o amanhã nos reserva.

As famílias desagregam-se, desarmonizam-se os lares distendem-se os laços afetivos, ao mesmo tempo em que no campo profissional acirram-se os ânimos e as competições egoístas, inconsequentes e desleais.

As ruas, avenidas e estradas por onde transitamos assemelham-se a campos de batalha, onde imperam a insegurança, o perigo, o desrespeito, a selvageria e a maldade, traduzindo com letras negregosas a insensibilidade que, audaciosamente, se propaga pelos quatro cantos do mundo, evidenciando a falência dos bons sentimentos.

Nossos olhos, perplexos, acompanham o desenrolar de cenas grotescas e, por vezes, inconcebíveis, que o mundo materialista nos expõe, delatando o asselvajamento crescente que enlaça a humanidade, ainda, irresponsavelmente distraída quanto aos preceitos espirituais.

As composições musicais que outrora acalentavam corações, assim como as letras que as adornavam, foram rareando, abafadas pelos sons extravagantes e agressivos dos instrumentos de percussão, acompanhados pelas letras que, em grande parte das vezes, exortam a insensibilidade, a violência e a sexualidade.

As danças, com fortes apelos aos sentidos, campeiam pelo mundo afora, infiltrando-se, gradualmente, em todas as camadas sociais, atiçando os instintos vulgares e a promiscuidade.

Doenças desconhecidas da medicina e, por conseguinte, de difícil diagnóstico e tratamento, pululam com incontestável rapidez, fazendo com que os terrícolas se tornem reféns da insegurança e do medo.

As notícias de guerras e pré-guerras difundem-se, perigosamente, pela superfície do nosso globo, deixando os povos perplexos tal a violência e o barbarismo de que estes condenáveis eventos se revestem, deixando um rastro de sangue enquanto perduram, promovendo no éter dos países ainda em paz um desconfortável halo de intranquilidade e temor.

O tráfico humano, o de drogas, de órgãos e de armas tornou-se reprovável realidade, deixando o mundo assombrado tal a frequência e a vileza com que são realizados.

Os sequestros se tornaram prática comum entre os humanos, alastrando-se, como se fossem rastilhos de pólvora, por todos os cantos deste mundo de provas e expiações, tolhendo uma das maiores conquistas do ser humano, qual seja, a liberdade. Todas as vezes que a nossa liberdade é tolhida, sentimos, nas profundezas da nossa alma, a angústia, o desespero, a solidão, a impotência, a desesperança dilacerante, aprisionando-nos nas teias pegajosas da solidão e da tristeza.

Os homens-bomba transitam disfarçados pelas calçadas do mundo, espalhando a morte prematura e sofrida de um sem-número de criaturas inocentes.

O terrorismo grassa, incontrolável, em considerável número de nações, ceifando vidas, deixando um rastro de terror por onde passa.

As horas passam céleres e nos parece que a humanidade não consegue encontrar um tempo, em suas vidas atribuladas, para dedicá-lo, inteiramente, ao Mestre de infinita misericórdia e amor.

Enfim, ao término das minhas realistas meditações, inspirado pelos amigos espirituais que me acompanham nesta profícua jornada terrena, tive a certeza de que a profunda melancolia que, há tempos, me acompanhava era, tão somente, Saudade de Jesus!

A partir de então, uma paz indizível enlaçara a minha alma, envolvendo-a completamente, dando-me a certeza de que Ele, Jesus, está no leme desta nossa redentora nau terrena que se encontra, destemida, singrando águas turbulentas, replenas de provas e expiações. Todavia, navegando resoluta e confiante, haverá de chegar ao aconchego das águas plácidas dos mares da tão aguardada Regeneração.

Na época destas íntimas reflexões, minha alma, como as de inumeráveis seres humanos, acredito, clamava por uma manifestação espiritual que viesse avalizar as predições constantes do livro *A Gênese* – capítulo XVIII – "Os Tempos São Chegados", primeira edição publicada em janeiro de 1868, a saber:

"Para que na Terra sejam felizes os homens, é preciso que somente a povoem Espíritos bons, encarnados e desencarnados, que somente ao bem se dediquem. Havendo chegado o tempo, grande emigração se verifica dos que a habitam: a dos que praticam o mal, ainda não tocados pelo sentimento do bem, os quais, já não sendo dignos do planeta transformado, serão excluídos, porque, senão, lhe ocasionariam de novo perturbação e confusão e constituiriam obstáculo ao progresso... Substitui-los-ão Espíritos melhores, que farão reinem em seu seio a justiça, a paz e a fraternidade..."

"... A época atual é de transição; confundem-se os elementos das duas gerações. Colocados no ponto intermédio, assistimos à partida de uma e à chegada da outra, já se assinalando cada uma, no mundo, pelos caracteres que lhes são próprios."

Capítulo 2

Transição Planetária

O tempo fora passando quando, no transcorrer do ano de 2010, para minha satisfação e, penso, de considerável número de espíritas, tomei conhecimento do lançamento do livro *Transição Planetária*, da lavra psicográfica do nosso Divaldo Pereira Franco e do Espírito Manoel Philomeno de Miranda, que, há longo tempo, o acompanha nesta profícua jornada terrena.

Tão logo tivemos em mãos a referida obra, iniciamos a sua fértil leitura, convencidos de que, em suas páginas, haveríamos de encontrar os esclarecimentos que, há tempos, aguardávamos que a espiritualidade nos oferecesse.

A cada página lida, constatávamos o seu enriquecedor e atualizado conteúdo, ampliando, assim, a nossa percepção acerca do conturbado período que a humanidade está vivenciando, digladiando-se, e que, a partir de agora, iremos dividir com o nosso atento e paciencioso leitor.

Dos importantes e oportunos esclarecimentos que o livro encerra, destacamos, apenas, alguns daqueles que mais se adequam ao objetivo precípuo destes nossos escritos, quais sejam:

1. *"Periodicamente, por sua vez, o planeta experimenta mudanças climáticas, sísmicas em geral, com profundas alterações na sua massa imensa, ou sofre o impacto de meteoros que lhe alteram a estrutura, tornando-o mais belo e harmônico, embora as destruições que, na ocasião, ocorrem, tendo sempre em vista o progresso, assim obedecendo à planificação superior com o objetivo de alcançar o seu alto nível de mundo de regeneração."*

Se fizermos uma avaliação a respeito dos diversos acontecimentos que vêm transcorrendo, em nível mundial, em nosso planeta, não teremos dificuldades em constatar que recrudesce, em número, em frequência e em intensidade, os fenômenos ditos climáticos e geológicos que vêm assolando a nossa casa planetária, deixando a humanidade perplexa, intranquila e insegura quanto aos impactos físicos que vem sofrendo como, também, com aqueles que ainda estão por vir.

Terremotos de considerável magnitude, erupções vulcânicas de grandes proporções chegando mesmo a provocar transtornos aéreos, tornados, ciclones, tufões, furacões gigantescos, megas inundações, secas alarmantes, variações bruscas de temperatura, quedas assustadoras de meteoros deixam rastros de profunda desolação, tristeza e dores não só nos lugares em que ocorrem, mas, também, no seio de toda a humanidade.

Explosões solares de magnitude nunca antes observada se ilustram diante de potentes telescópios, acarretando desajustes no sistema de comunicação terráqueo.

Enfim, a somatória desses eventos anuncia-nos que algo estranho, inusitado, está ocorrendo em nossa moradia cósmica, alertando-nos de que ela está mudando, sofrendo ajustes para, gradualmente, ingressar no rol dos mundos regenerados.

Paralelamente a essas inúmeras ocorrências, o plano espiritual, em oportunas ocasiões, vem nos enviando recados, pistas, com o objetivo não só de ampliar o nosso tempo de vida no planeta Terra, valendo-se dos recursos incansáveis da pesquisa e da medicina, como também acelerar o nosso processo de aprimoramento moral-espiritual, ainda lento, incompatível com os urgentes apelos dos tempos atuais.

Entretanto, nem sempre esses amoráveis chamamentos são percebidos pelos seres humanos, ainda comprometidos com os convites aos sentidos que o mundo da matéria é pródigo, não cessando de nos enviar.

Entre estas pistas, perfeitamente atualizadas, condizentes com as necessidades evolutivas dos terráqueos, e, ao mesmo tempo, factíveis de serem detectadas, destacamos apenas três, a saber:

1ª Advento da AIDS – *Síndrome de Imunodeficiência Adquirida*

Como sabemos, é uma doença do sistema imunológico humano, transmissível entre os homens, causada pelo vírus HIV, que, progressivamente, reduz a eficácia do sistema imunológico, deixando os hospedeiros, comumente irresponsáveis e distraídos, suscetíveis a infecções oportunistas e também a tumores, impelindo-os a assistirem, angustiados, suas vidas serem restringidas, gradualmente, dissiparem-se, fazendo-os perderem, prematuramente, mais uma importante e redentora oportunidade reencarnatória.

O referido vírus é transmitido, dentre outras maneiras, por meio do sexo irresponsável, desajustado, desorientado, promíscuo, comprometendo e ceifando inumeráveis vidas, pelo mundo afora.

Em vista dessa chocante realidade, se os seres humanos consultassem a intimidade das suas almas, haveriam de sentir-se propensos a se esforçarem para conter os impulsos do instinto, por vezes, ainda animalizado, colocando em seu lugar a consciência soberana, espiritualizada, que os haveria de impulsionar a se utilizarem do sexo de maneira respeitosa para consigo mesmos e para com o outro ser humano que os presenteia com o privilégio de compartilhar de momentos tão sublimes.

2ª Advento da doença da Vaca Louca

Trata-se de uma enfermidade neurodegenerativa, afetando o gado doméstico. É transmissível ao homem, causando-lhe doença semelhante. É fatal, apresentando-se com sinais associados da disfunção do Sistema Nervoso Central, caracterizando-se por desordens comportamentais, como apreensão, nervosismo, agressividade, falta de coordenação dos membros durante a marcha e incapacidade para se levantar. O hospedeiro afetado deixa de se alimentar e, rapidamente, perde a condição corporal. Em cerca de duas a três semanas, o animal é sacrificado, pois não responde a nenhum tratamento.

Os pesquisadores concluíram que a referida doença bovina está associada ao uso da farinha de carne e ossos, utilizada para o preparo de rações ou concomitantes de rações já prontas para os animais.

3ª Advento da Carnitina

Recentes estudos publicados na revista *Nature Medicine*, relacionam uma substância encontrada, principalmente, na carne vermelha, denominada Carnitina, responsável por um maior risco de doenças cardíacas. O autor dos estudos, Dr. Stanley Hazen, e sua equipe constataram que a referida substância é digerida por bactérias encontradas no intestino humano, favorecendo a produção do composto TMAO, que pode influenciar o metabolismo do colesterol e diminuir o ritmo de remoção das placas que se acumulam nas paredes das artérias, aumentando o risco para doenças cardiovasculares.

Estudos mais acurados acerca desta recente e palpitante descoberta científica continuam em marcha.

A respeito da alimentação carnívora, abordada nos dois últimos tópicos deste trabalho, modestamente, entendemos ser importante e oportuno relatarmos, ao nosso prezado leitor, alguns abalizados pareceres, inseridos em livros e publicações respeitáveis, bem como provindos de nobres Espíritos, por meio de médiuns dignos de todo o nosso apreço, ei-los:

"Impregnada pelas vibrações do ser inteligente em processo de desenvolvimento ativo, toda a estrutura física da carne é bombardeada pelos elementos hormonais desencadeados pelo estresse. Medo, angústia e reações agressivas, pré-abate, produzem descargas deletérias que impregnam a carne e se transferem para todos que a consumirem."

Autor: Bezerra de Menezes.

"O lombo de porco, ou o bife de vitela, temperados com sal e pimenta, não nos situam muito longe de nossos antepassados, os tamoios e caiapós, que se devoravam uns aos outros. Comece a renovação dos seus costumes pelo prato de cada dia. Diminua, gradativamente, a volúpia de comer a carne dos animais. O cemitério no estômago é um tormento depois da grande transição."

Livro: *Cartas e Crônicas* – Irmão X - Médium: Francisco Cândido Xavier.

"Quando nos alimentamos de carne de animais que sofreram antes de morrer, estamos sujeitos a absorver tais energias pesadíssimas, que se impregnam em nosso corpo espiritual e se difundem ao corpo físico, expondo-o a disfunções e desequilíbrios orgânicos sérios."

Autor: Marcel Benedeti.

"Todas as almas têm a mesma origem; o homem atravessou a escala zoológica para chegar a ser homem. Não há em sua carne, no seu sangue, nos seus ossos, um átomo diferente daqueles que se acham nos corpos dos animais. Os animais são vossos companheiros de existência terrestre; como nós eles vieram progredir, estudar, entender, aprender! Sede seus anjos tutelares e não anjos diabólicos e maléficos, a cercá-los de tormentos, a infringir-lhes sofrimentos!"

Autor: Cairbar Schutel.

"Estudo, atenta e carinhosamente, o evolucionismo do princípio espiritual através das espécies, sentindo-me à vontade para declarar que todos já nos debatemos no seu acanhado círculo evolutivo. São eles os nossos parentes próximos, apesar da teimosia dos quantos persistem em o não reconhecer."

Espírito: Emmanuel.

"(...) os animais, como os homens, demonstram sentir prazer, dor, felicidade e sofrimento."

Autor: Charles Darwin.

"Não sugerimos a violência orgânica para aqueles que não suportariam uma mudança drástica no hábito alimentar; e sim uma adaptação gradativa. Após disciplinado exercício em que a imaginação se higieniza e a vontade elimina o desejo ardente de ingerir os despojos sangrentos, temos certeza que o organismo estará apto para se ajustar a um novo método nutritivo de louvor espiritual. Mas é inútil procurardes subterfúgios para justificar a vossa alimentação primitiva e que já é inadequada à nova índole espiritual." Espírito: Ramatis.

"Nos esquecíamos que a nossa inteligência, tão fértil na descoberta de comodidade e conforto, teria recursos para encontrar novos elementos e meios de incentivar os suprimentos proteicos ao organismo sem recorrer às indústrias da morte."

Livro: *Missionários da Luz* – André Luiz – Médium: Francisco Cândido Xavier.

Diante dessas elucidativas declarações, peço a paciência e o consentimento para inserir outros importantes esclarecimentos espirituais que, acredito, contribuirão para enriquecer, ainda mais, este complexo assunto que acabamos de colocar em pauta.

Os fluidos astrais, agressivos e enfermiços oriundos da exsudação da carne dos animais sacrificados, durante o processo digestivo, penetram, automaticamente, na aura dos seres humanos que o consomem, adensando-lhe a contextura delicada, dificultando, sobremaneira, o sutil e profícuo intercâmbio com os Espíritos amigos que lhes acompanham os passos nesta jornada terrestre.

Durante esse processo de decomposição da carne, na intimidade do organismo humano, o *quantum* energético animalizado que nela se encontra impregnado vai sendo libertado, incorporando-se, naturalmente, à aura astral de quem a está consumindo, adensando-a, como se uma cortina oleosa, pegajosa, nauseante, a envolvesse e nela penetrasse, rebaixando-lhe o teor vibratório.

Assim sendo, a assistência que os guias espirituais destinam a todos nós, criaturas humanas, no caso específico dos ingestores de carne, vê-se arrefecida ou, até mesmo, impossibilitada de lhes ser ofertada, devido aos obstáculos que os referidos Espíritos encontram para vencer a cortina densa e oleosa formada pela exsudação dos fluidos grosseiros e instintivos provenientes da carne do animal, ingerida e em decomposição.

Por conseguinte, os delicados e pacienciosos amigos espirituais sentem dificultada sua nobre tarefa de amparar e orientar, devidamente, os seus tutelados, os quais ficam à mercê do acervo espiritual conquistado ao longo das suas encarnações, ou seja, de si mesmos.

Não existem dúvidas de que a alimentação carnívora é um assunto bastante complexo, polêmico até, merecendo receber do prezado leitor as mais profundas reflexões, a fim de que venha a formar sua opinião a respeito deste palpitante tema, conscientizando-se, definitivamente, se vale ou não a pena continuar utilizando-se da carne na sua alimentação.

Dando continuidade aos esclarecimentos contidos no livro *Transição Planetária*, relatamos:

2. *"(...) descerão ao planeta terrestre, como já vem sucedendo, milhões de Espíritos enobrecidos para o enfrentamento inevitável entre o amor abnegado e a violência destrutiva, dando lugar a embates caracterizados pela misericórdia e pela compaixão, outros missionários da educação e da solidariedade, que muito se empenharam em promovê-las, em existências pregressas, estarão também de retorno, contribuindo para a construção da nova mentalidade desde o berço, assim facilitando as alterações que já estão ocorrendo, e sucederão com maior celeridade..."*

Através destas linhas, fica-nos evidente que nobres Espíritos provindos de outras moradas siderais há tempos nos visitam, aportando-nos avançados conhecimentos nos mais variados campos das atividades humanas, auxiliando-nos, pacientemente, a neles evoluir, melhorando o dia a dia dos humanos que transitam por este generoso planeta azul. Ao mesmo tempo, esmeraram-se em nos presentear com enriquecedores conhecimentos acerca das infindáveis nuanças do mundo espiritual, com o objetivo de gradualmente fazerem luzir nossas almas no campo aveludado e perfumoso dos nobres sentimentos.

Todavia, se bem atentamos, não há dúvidas de que os maiores e surpreendentes avanços ocorreram no campo da inteligência humana e não nos dos nobres sentimentos, razão pela qual a humanidade caminha lenta, distraída e sofridamente pelas veredas da vida, apenas tangenciando os ensinamentos de Jesus, sem neles se aprofundar, distanciando-se assim dos Seus aconchegantes braços.

Já estão e também estarão retornando, aos palcos do nosso planeta, Espíritos missionários da luz, que, há tempos idos, aqui estiveram reencarnados, presenteando a humanidade terrena com seus valorosos conhecimentos, contribuindo para acelerarem a evolução dos sentimentos, espargindo os tesouros da caridade, fraternidade e amor em todos os recantos da Terra bendita, que, aos poucos, vai ascendendo ao rol dos mundos regenerados.

3. *"(...) a fim de poderem viajar na grande nave terrestre que avança moralmente nas paisagens dos orbes felizes, incontáveis membros das tribos bárbaras do passado, que permaneceram detidos em regiões especiais durante alguns séculos, de maneira que não impedissem o desenvolvimento do planeta, renascem com formosas constituições orgânicas, fruto da seleção genética natural, entretanto, assinalados pelo primitivismo em que se mantiveram."*

"(...) estamos agora vivenciando o período para os renascimentos em massa, enquanto tem lugar, a princípio, lentamente, o expurgo de irmãos infelizes, vinculados à revolta e à truculência de que se utilizam em tentativa inútil para impedir a felicidade dos seres humanos. De maneira equivalente, à medida que os anos se sucederão, número bem expressivo de desatinados serão encaminhados ao exílio temporário, de forma que irão contribuir para o desenvolvimento dos seres que encontrarão em novos ninhos domésticos, para evoluírem em triunfo, quando se depurarem das grandes imperfeições que lhes dificultam a marcha do progresso."

Ao observarmos com maior acuidade os inumeráveis acontecimentos que nos vêm sendo ilustrados no transcorrer do nosso dia a dia, de forma inusitada, impactante e acelerada, não nos resta, senão, analisar a realidade contundente dos escritos que acabamos de acompanhar.

No nosso nervoso cotidiano, é comum observarmos, com incontestável consternação, as cenas primitivas, grotescas, desumanas, inacreditáveis, até, que se desenrolam impassíveis, indiferentes, escarnecedoras, diante dos nossos olhos atônitos, amedrontados e, ao mesmo tempo, apiedados, evidenciando o degrau espiritual em que, ainda, se debate grande parte da humanidade, distraída e irresponsável, quanto as inumeráveis nuanças do mundo dos espíritos.

Todavia, Jesus não nos deixa desamparados, à mercê das águas revoltas e perigosas deste mundo de provas e expiações, pois, amorosamente, está providenciando o encaminhamento de Espíritos recalcitrantes, perseverantes no mal, que vêm comprometendo, desaforadamente, a paz da humanidade apreensiva e insegura, para outros mundos nos quais haverão de, a custo de acerbos sofrimentos e dores, estagiar, por tempo indeterminado, até resgatarem os desatinos que houveram cometido ao longo das suas encarnações, para, enfim, poderem alçar novos voos, singrando, destemidos e confiantes, os espaços translúcidos da redenção.

A Terra, gradualmente, vem adentrando o rol dos mundos regenerados e, por consequência, a alimentação com a carne, inquestionavelmente, deixará de fazer parte da índole espiritual dos seus habitantes, pois será compatível com o novo e promissor estágio evolutivo que a nossa casa planetária, pouco a pouco, irá conquistando.

Ao final destas linhas, achamos oportuno deixar aqui grafado uma intrigante pergunta, cuja resposta caberá ao caro leitor, para si mesmo, enunciar, qual seja:

"Evoluímos porque deixamos de comer carne, ou deixamos de comer carne porque evoluímos?" Eis a questão!

Enfim, ainda há tempo, tornando-se imperioso nos propormos a envidar perseverantes esforços no sentido de aprimorar os nossos hábitos e, fundamentalmente, os nossos sentimentos de caridade, fraternidade, solidariedade e amor, latentes em nossas almas e, para tanto, a fim de que venhamos a curar as feridas que, teimosamente, nelas, ainda, persistem atuantes, o Pai de infinita misericórdia nos faculta o uso de "duas pomadas" que muito nos auxiliarão para o alcance dos nossos objetivos espirituais, quais sejam:

· A primeira é composta de trabalho e de suor.
· A segunda é composta de lágrimas e de dor.

A escolha é nossa, pois ainda há tempo!

Capítulo 3

Atendendo a oportuna sugestão de amigos de ideal espírita, tivemos a grata satisfação de assistir, via Internet, a cativante e esclarecedora palestra, constante do Seminário de Título "Transformações da Terra – Revelando Aquilo que Ninguém te Conta" – proferida pelo médium André Luiz Ruiz, cuja duração ultrapassou as três horas. Sem dúvida, o conteúdo que nos fora apresentado brindara-nos com enriquecedoras informações a respeito do que vem ocorrendo no mundo físico e oculto do nosso sistema planetário e, especificamente, no nosso orbe.

Assim sendo, destacamos alguns dos interessantes e inusitados tópicos, nela ilustrados, os quais passamos a relatar ao nosso caro leitor, a saber:

1. Distorção Cognitiva

O orador iniciou a palestra fazendo oportuna abordagem a respeito do que denominamos de

Distorção Cognitiva, que vem a ser "a maneira que a nossa mente arranja, convencendo-nos de algo que não é verdade", "minimiza a importância de eventos externos que nos prejudicariam ou incomodariam, obrigando-nos a mudanças indesejáveis", ou então, "entende a notícia, mas distorce a verdade."

Exemplo: Os veículos de comunicação informam que está prevista, para as próximas horas, a ocorrência de grande tempestade em determinada região e, em vista disto, alerta os moradores das zonas ribeirinhas para deixarem os locais, pois poderão ocorrer inundações devastadoras, colocando suas vidas em risco. Entretanto, alguns dos implicados haverão de dizer:

— Que nada, esse pessoal é pessimista demais. Nem está chovendo!

Só que, como fora previsto, horas depois, a tempestade chega e, com ela, vidas são ceifadas e que poderiam ter sido salvas.

Será que tal distorção não está acontecendo, também, conosco, no que diz respeito às ocorrências planetárias que, gradualmente, a mídia vem divulgando? Não serão pistas que nos estão sendo dadas e, céticos, não lhes damos as devidas atenções? Será?

2. Modificações Planetárias

Conceituadas observações científicas e estudos astronômicos realizados nos Estados Unidos,

Alemanha, Austrália evidenciam a ocorrência de modificações inusitadas na Lua, Saturno, Júpiter, Vênus.

Por meio das imagens apresentadas durante o desenrolar da palestra, pudemos constatar a realidade dessas ocorrências.

• Uma das hipóteses seria a de que "um candidato newtoniano, potencialmente viável para causar esse fenômeno, seria um objeto transplutaniano maciço (Planeta X) ...".

Por sua vez, o jornal *Washington Post*, bem como, a *Gazeta de Montreal,* em reportagens datadas de 30.12.1983, já nos alertavam, divulgando a seguinte informação que, resumidamente, relatamos:

• *"Um corpo celeste tão grande quanto o gigante Júpiter e possivelmente tão próximo da Terra, que faria parte do sistema solar, foi achado."*

Em 16.08.2012, a CNN, em rede nacional de televisão, transmitiu a seguinte notícia:

• *"Existe um enorme e pesado corpo escondido, aqui mesmo, em nosso sistema solar. Tem uma pequena estrela marrom ou um outro planeta gigante gasoso espreitando os alcances ultra periféricos do nosso sistema solar além de Plutão."*

Sites oficiais ilustram, por meio de uma sequência de fotos, as diversas posições que o enorme planeta Hercólubus (Nibiru) vem ocupando em nosso sistema solar, consequentemente, influenciando magneticamente os astros que o compõem.

3. Alterações no eixo da Terra

No tocante às modificações que vêm se efetuando no nosso planeta, o orador destacou que o polo norte está mudando de posição, ou seja, o eixo imaginário da Terra está se movendo na seguinte sequência:

1830: Data em que passara a ser monitorado.

1904: Movimentou-se a uma velocidade de 15 Km/ ano.

1989: Houve uma aceleração deste movimento.

2007: Movimentou-se a uma velocidade de 55 a 65 Km/ ano.

Por esses dados, penso não restarem dúvidas quanto ao que vem, não só ocorrendo em nosso sistema solar, como também intensificando-se, trazendo consigo óbvias consequências.

4. Explosões Solares

Enfim, durante a motivadora exposição, foram apresentadas imagens nítidas, sequenciais e em movimento das explosões que vêm acontecendo em nosso astro-rei, evidenciando estar em intensa atividade, fato este que, gradualmente, poderá vir a causar uma série de interferências em nosso planeta, entre elas, as que se referem às vias de comunicação que poderão vir a ser afetadas, se, porventura, tais eventos vierem novamente a ocorrer.

Caro leitor, todas as informações que acabamos de relatar-lhe seriam um enorme e bem orquestrado engodo, embuste, farsa em nível mundial? Fiquemos, portanto, atentos para que a Distorção Cognitiva não nos venha enlaçar o nosso bom senso e a nossa inteligência.[3]

---

[3] Palestra constante do Seminário de Título "Transformações da Terra – Revelando Aquilo que Ninguém te Conta!" – proferida pelo médium André Luiz Ruiz, via Internet, por meio dos sites www.tvalvoradaespirita.com.br, www.mensagemfraternal.com.br e www.youtube.com.

Capítulo 4

Desdobramentos Importantes

Confessamos que, durante o desenrolar da já citada palestra, fomos sentindo-nos veramente impressionados, não só pelo seu conteúdo, como também pela coragem e didatismo com que o convicto palestrante abordava temas tão complexos, quanto atuais e esclarecedores.

Ao seu final, encontrávamo-nos plenamente convencidos dos variados tópicos que nos foram enunciados, sentindo-nos estimulados a adquirir alguns livros da lavra do médium André Luiz Ruiz, entre eles, *Herdeiros do Novo Mundo* e *No Final da Última Hora*, constantes da série "Transição Planetária", de autoria do Espírito Lucius, na expectativa de neles encontrar novos subsídios a respeito de tão empolgante assunto.

A cada capítulo, fomos sendo presenteados pela clareza e objetividade das informações neles contidas, sentindo-nos impelidos a meditar, profundamente, sobre os tópicos lidos, enriquecendo-nos o conhecimento acerca do tão propalado tema "Transição Planetária" que, desde meados do século

XIX, a espiritualidade maior, pacientemente, nos vem descortinando.

Em vista do que precede, passaremos a focar algumas passagens que pudemos depreender das citadas obras que, sem dúvida, ampliaram-nos os conhecimentos, sentindo-nos, por consequência, impulsionados a compartilhá-los com o atencioso leitor que nos dá o privilégio da companhia, a saber:

1. Um corpo celeste, de grande proporção, se aproxima do nosso sistema solar e, por conseguinte, como há décadas já vem ocorrendo, nosso planeta, pouco a pouco, vem sofrendo-lhe a influência magnética primitiva e que, dia a dia, intensifica-se, carreando para os seres humanos compatíveis com suas densas vibrações, consequências danosas de vários matizes.

2. Sendo assim, podemos inferir que o magnetismo negativo deste visitante planetário, por certo, haverá de provocar não só alterações estruturais em nosso planeta, como também no seu mundo oculto, acelerando e intensificando os desequilíbrios comportamentais dos seres humanos que com o dito astro se afinizarem. Consequentemente, os já conhecidos processos obsessivos e suas derivações tenderão a se alastrar, como já vem ocorrendo, pelos quatro cantos da Terra, ao mesmo tempo que enfermidades oportunistas, de difícil diagnóstico e tratamento, grassarão audaciosas, carreando à humanidade terrena temores e apreensões.

3. Os encarnados que ainda transitam pela superfície do nosso globo, bem como os bilhões de Espíritos desencarnados que, ainda, não conseguiram se desvincular da matéria efêmera e enganosa, haverão de sofrer a poderosa influência magnética negativa do astro intruso e, para ele, haverão de, oportunamente, transferir-se, deixando a mãe-Terra que, até então, lhes fora complacente moradia.

4. Antes, porém, conforme depreendemos da palpitante leitura, haverão de ser conduzidos e devidamente instalados, por similitude e afinidade vibracionais, em compartimentos específicos e pré-adaptados, de enormes naves espirituais, com capacidade de, aproximadamente, dois milhões de Espíritos, que os conduzirão para a superfície lunar, ali permanecendo até o momento de empreenderem a desalentadora, porém promissora, transferência para o inóspito planeta.

5. Por algum tempo, ainda, os habitantes da Terra haverão de estar à mercê das vibrações densas e agressivas do orbe intruso, até que, submisso às leis siderais, venha a retomar o seu rumo, seguindo viagem, distanciando-se de nós.

6. Este oportuno e intransferível degredo irá promovendo um arejamento na aura-astral do nosso orbe, pois, gradualmente, irá se libertando da influência danosa dos seus ex-habitantes espirituais, ao mesmo tempo que esses degredados irão tendo a

oportunidade de irem se adaptando ao ambiente hostil do nosso satélite, preparando-se para enfrentar as ásperas, porém redentoras, experiências no planeta que, temporariamente, nos visita e que, desde a antiguidade, é conhecido por Nibiru, Marduk, Hercólubus, ..., e pelos espiritualistas como Astro-Higienizador, Chupão ou Intruso.

7. Contudo, apesar dessas aflitivas e implacáveis expectativas, lembrando-nos da parábola de Jesus, referente "aos Trabalhadores da última hora", entendemos que ainda há tempo, na verdade, pouquíssimo tempo, para que possamos nos empenhar a fim de adquirir, em definitivo, nobres valores espirituais, preparando-nos para vivenciar experiências tantas, neste planeta azul, que está a caminho da tão esperada e gradativa regeneração.

Ao meditarmos sobre os tópicos que, até aqui, foram abordados, nos veio à lembrança o delicado poema que Antônio Gonçalves Dias compôs durante sua estada em terras portuguesas e que bem retrata os tempos difíceis e saudosos que o poeta brasileiro ali vivenciara, o que nos induz a imaginar o que haverá de ocorrer com os Espíritos que forem degredados para o inóspito planeta intruso.

Eis o belíssimo poema:

Canção do Exílio
"Minha terra tem palmeiras,
Onde canta o Sabiá;

As aves que aqui gorjeiam,
Não gorjeiam como lá.

Nosso céu tem mais estrelas,
Nossas várzeas têm mais flores,
Nossos bosques têm mais vida,
Nossa vida mais amores.

Em cismar, sozinho, à noite,
Mais prazer encontro eu lá;
Minha terra tem palmeiras,
Onde canta o Sabiá.

Minha terra tem primores,
Que tais não encontro eu cá;
Em cismar – sozinho, à noite –
Mais prazer encontro eu lá;
Minha terra tem palmeiras,
Onde canta o Sabiá.

Não permita Deus que eu morra,
Sem que eu volte para lá;
Sem que desfrute os primores
Que não encontro por cá;
Sem qu'inda aviste as palmeiras,
Onde canta o Sabiá."

Ainda há tempo, porém, ainda há esperança para aqueles que, incondicional e sinceramente, se colocarem a caminho dos braços misericordiosos de Jesus!

[illegible]

Capítulo 5

Enfim, o Planeta Intruso se faz visível

Motivado pelos importantes e elucidativos dados colhidos dos citados livros e da impactante palestra proferida, sentimo-nos impelidos a navegar pela Internet, esperançosos de, ali, encontrar outros subsídios que viessem corroborar, ou mesmo comprovar o manancial de informações colhidas por meio das referidas fontes.

Assim sendo, tão logo acessei o site do Google (www.google.com.br) e o site do YouTube (www.youtube.com), a fim de obter informações referentes ao **Planeta Hercólubus**, surgiu na tela uma série de filmes, vídeos, imagens, confirmando que o citado Astro Intruso fora claramente avistado em cerca de 23 países, a saber:

Brasil – Bulgária – Canadá – Chile – China – Escócia – Espanha – Estados Unidos – Finlândia – França – Hungria – Inglaterra – Irlanda – Itália – Japão – México – Nicarágua – Peru – Polônia – Romênia – Rússia – Ucrânia –Venezuela.

Essas inquestionáveis evidências não nos deixam dúvidas quanto ao fato de que o gigantesco astro já se encontra entre nós, comprovando, assim, as predições que o Espírito Ramatis há mais de seis décadas nos legara, bem como as informações contidas, não só na palestra anteriormente citada, de André Luiz Ruiz, como também nos livros *Herdeiros do Novo Mundo* e *No Final da Última Hora*, da lavra do Espírito Lucius.

Caro leitor, a somatória dos fatos ilustrados nos oferece importantes subsídios para que possamos desenvolver criteriosas análises e reflexões a respeito deste empolgante assunto.

A seguir, algumas imagens do referido planeta.

China - Março de 2012

Cidade de Creméia, na Rússia - Março de 2012

Cidade de Rio de Janeiro, no Brasil - Agosto de 2012

Representação da órbita do Planeta Hercólubus

PARTE III

OS CIDADÃOS DO NOVO MUNDO

OS MANSOS HERDARÃO A TERRA

Capítulo 6

A respeito das atuais e envolventes matérias que, até agora, foram tratadas, passamos a transcrever um valioso trecho constante do já citado livro *A Gênese*, publicado em 1868, de título "Geração Nova" e que, por certo, merecerá do caro leitor conscienciosa apreciação, qual seja:

"(...) Tendo chegado esse tempo, uma grande emigração se cumprirá entre aqueles que a habitam; aqueles que fazem o mal pelo mal, e que o sentimento do bem não toca, não sendo mais dignos da Terra transformada, dela serão excluídos, porque lhe trariam de novo a perturbação e a confusão, e seriam um obstáculo ao progresso. Eles irão expiar o seu endurecimento, uns nos mundos inferiores, os outros (...)"

É notório que esses esclarecedores escritos deixados por Kardec já nos alertavam sobre o que estava previsto ocorrer, no futuro, com a humanidade terrena. Agora, face às inumeráveis notícias provindas de várias partes do mundo, as referidas predições estão, verdadeiramente, em curso.

Por esta inquestionável razão, sentimo-nos motivados a refletir, profundamente, sobre as providências que devemos tomar a nosso respeito, visando tornarmo-nos merecedores de habitar este planeta Terra em transformação, contribuindo, também, para que venha a se tornar um mundo regenerado.

Sendo assim, quem de nós seria capaz de indicar os roteiros que deverão ser trilhados para conseguirmos merecer, do mundo maior, o passaporte de entrada e permanência neste planeta em processo, já iniciado, de regeneração?

Conscientes de que "para iluminarmos a nossa alma, basta fazermos aos outros o que Jesus faria se estivesse em nosso lugar", passamos a ilustrar a seguir, na Parte III deste livro, alguns aconselhamentos recebidos mediunicamente que, esperamos, venham a se constituir em oportunos aliados para que venhamos a alcançar o nobre propósito acima descrito, qual seja, o de tornarmo-nos cidadãos do novo mundo.

- Ciscos
- Restauradores de Almas
- O Livro Espírita
- Até Quando...
- Reflexões Oportunas
- Ditames da Vida
- Egoísmo Contumaz
- Pensamentos
- *Quantum* Energético

- Vícios
- Cega Vaidade
- Daltonismo Espiritual
- Desconfiança
- Inconstância
- Melindre
- Ressentimento
- Insidiosa Depressão
- *Órfãos no Além*
- Buril da Alma
- Doridas Lições
- Celular da Alma
- Espíritos Desempregados
- Renúncia
- Indômita Coragem
- Humildade e Perdão
- Missão Redentora

Ciscos

Nas noites límpidas, quando apreciamos o maravilhoso desfile dos corpos siderais na passarela azul do firmamento, sentimo-nos impelidos a nos perguntar:

— Quem somos nós perante esta imensidão infinita que nos encanta os olhos e os sentidos?

Assim pensando, passamos a refletir, pondo-nos em busca de respostas que venham a satisfazer nossa indagação.

Até o momento, por meio de potentes aparelhos astronômicos, os cientistas conseguiram deduzir a existência de, aproximadamente, 100 bilhões de galáxias, sendo que, cada uma delas, encerra cerca de 250 bilhões de estrelas. Por sua vez, o nosso gigantesco astro-rei, rodeado por nove planetas, ocupa, na escala de grandeza sideral, apenas o 5º lugar entre os sóis.

Assim sendo, face a esta impactante e indefinível vastidão espacial, tomamos a liberdade de inferir que o nosso sistema solar, pode ser comparado a uma poeira cósmica; nosso planeta, a um grão de pó sideral; e nós, seus habitantes, tão somente a ciscos.

Contudo, o orgulho frívolo da nossa própria ignorância, que ainda transita em nossas almas, impede-nos de compreender e aceitar essa nossa pequenez, diante do universo pulsante e, assim, continuamos a vivenciar e a interagir, pelas veredas do mundo, como ciscos-egoístas, ciscos-orgulhosos, ciscos-ingratos, ciscos-mentirosos, ciscos-ressentidos, ciscos-pessimistas, ciscos-revoltados, ciscos-ingratos, ciscos, ciscos, ciscos,...

Porém, se, corajosa e humildemente, nos decidirmos a direcionar o olhar para a intimidade da nossa alma, sem dúvida, haveremos de nos conscientizar das verdades espirituais nela latentes, quando, então, nos sentiremos impulsionados a abrir as cortinas do nosso coração e participarmos deste palco maravilhoso que é a vida, como personagens vibrantes, fraternais e amorosos, fazendo desta encarnação um ato de profundo agradecimento Àquele que nos presenteou com o privilégio de existir.

Restauradores de Almas

Ao visitarmos uma galeria de arte, um antiquário, um museu, logicamente iremos nos deparar com inumeráveis peças que relatam, por meio das suas formas, cores e dos elementos que as compõem, suas histórias, delineando os caminhos que percorreram ao longo dos anos, décadas, séculos...

Sem dúvida, o tempo acabará por alterar-lhes as cores, até mesmo a configuração, fazendo com que, lentamente, venham a perder suas características, seus encantos, tornando evidente aos olhos do observador atento a necessidade imperiosa de restauração, que, por certo, as fará retornar às origens, resgatando-lhes a essência que os anos incumbiram-se de transformar.

Assim sendo, essas peças, ao serem submetidas a um experiente e consciencioso restaurador, este inicia a sua delicada tarefa, reconstruindo as partes afetadas para, em seguida, pacientemente, remover a tinta que lhes cobria a superfície.

Por vezes, ao trabalhar uma ou outra peça, o profissional nota, surpreso, que ao retirar a primeira camada de tinta, a fim de retocá-la, surge-lhe diante dos olhos uma outra, de cor diferente, delatando-lhe que o objeto fora adulterado, perdendo, por consequência, o seu valor histórico, a sua primitiva e verdadeira identidade.

Constatado o fato, o bom profissional, utilizando-se de nova tinta, porém, na cor original da peça, cobre-lhe novamente a superfície desgastada, recuperando-lhe a beleza, o passado, restituindo-lhe o devido valor.

Caro leitor, procurando, juntamente com você, fazer uma analogia com o que foi exposto, se bem refletirmos, concluiremos que os Centros Espíritas que, incondicionalmente, acolhem incontáveis corações, constituem-se em valorosos "Restauradores de Almas", contribuindo para remover, paciente e amorosamente, as tintas grosseiras, sem brilho e sem beleza com que, pouco a pouco, o mundo da matéria fora, sutilmente, encobrindo as nossas almas, deslustrando-as, ocultando-lhes a doce essência.

Assim agindo, as casas espíritas, verdadeiros educandários do amor, gradualmente, vão recolorindo as nossas almas com as tintas luminescentes da fraternidade, resgatando-lhes a essência que o mundo tentara empanar. Das suas entranhas, então, irá emergir o aroma perfumoso da presença de Jesus acompanhando-nos os passos, incentivando-nos a distribuir as pétalas veludosas da caridade, sem distinção, hoje e amanhã, aqui e acolá, para este e aquele irmão, como Ele próprio faria se estivesse em nosso lugar.

O Livro Espírita

Ao transitarmos pelas estradas do mundo, vivenciando as mais diversas experiências que, sem tréguas, desfilam diante dos nossos sentidos, eis-nos, de repente, parados, diante de caprichosa e sugestiva vitrine de uma livraria, impactados que fomos pela capa de determinado livro, cujo título e ilustração nos seduziram, a ponto de sentirmo-nos impulsionados a adquirir um exemplar.

Devidamente motivados, adentramos o estabelecimento comercial, encaminhando-nos em direção ao livro para, em seguida, tomá-lo em nossas mãos, ávidos por folhear-lhe algumas páginas e, assim, mantermos o primeiro e superficial contato com o seu interior, amainando a nossa momentânea curiosidade.

Tendo o livro já em mãos, passamos a manusear-lhe as páginas, quando, então, nos deparamos com o prefácio da obra, cujos dizeres, resumidamente, intentam retratar-lhe o teor, aguçando, ainda mais, o nosso desejo de comprá-lo.

Assim estimulados, adquirimos um exemplar, esperançosos de virmos a desfrutar momentos agradáveis em sua companhia, deliciando-nos com a sua leitura. De retorno ao lar, confortavelmente acomodados, abrimos o livro, quando, então, nossos olhos iniciam um prazeroso passeio por sobre suas linhas, parágrafos, capítulos, saboreando o começo do seu enredo, sequiosos por conhecer-lhe a essência, imaginando o seu epílogo.

Porém, cansados pela labuta intensa do dia, vamos percebendo, aos poucos, nossos olhos irem se fechando, impossibilitando-nos de dar continuidade à gratificante leitura, deixando-nos, por fim, enlaçar pelo sono reconfortante e apaziguador.

Na sequência dos dias, à mercê das incontáveis responsabilidades que a vida nos impõe e, por elas monitorados, não raro, acabamos por deixar para uma outra oportunidade, um outro momento, a referida leitura que tão somente havíamos iniciado.

Desta forma agindo, transferimos para o nosso amanhã o que poderíamos ter feito no hoje, deixando, por consequência, de nos enriquecer espiritualmente.

Inconstantes e distraídos quanto aos tesouros espirituais, nem notamos as horas, os dias, as semanas passarem, enquanto o livro permanece em nosso criado-mudo, como que, aguardando, pacientemente, que o tomemos nas mãos, outra vez, dando, assim, continuidade a sua leitura. Contudo, por vezes, ainda seduzidos pelos sutis, superficiais e enganadores chamamentos do mundo, o deixamos solitário, bem ao nosso lado, para, sabe lá quando, o tomaremos, de novo, nas mãos, desfrutando seu rico conteúdo.

Entretanto, ao sermos impactados pelos ditames da vida, entristecidos e decepcionados, ávidos e esperançosos, voltamos a recorrer ao Livro Espírita que, há tempos, havíamos esquecido e, ao abri-lo, como que humildemente e sem ressentimento, ele nos presenteia com suas luzes, alumiando a nossa alma, arrefecendo as nossas dores, dando-nos força para continuarmos nossa caminhada, deixando-nos bem claro que os infortúnios e os difíceis momentos haverão de passar, devolvendo-nos as esperanças no porvir.

Assim sendo, caro leitor, tenhamos a certeza de que no Livro Espírita, em suas páginas de Luz, haveremos de nos encontrar com o Divino Amigo, Jesus!

Até Quando...

Percorrendo as estradas do mundo, iremos, pouco a pouco, contatando inumeráveis seres humanos que, como nós, são possuidores dos mais diversos pendores, portando na sua intimidade a somatória das mais variadas experiências de vida que, gradativamente e se bem compreendidas, irão lapidando as suas almas para que, um dia, venham a brilhar, conquistando a própria luz.

Quando nos encontramos envolvidos em um amistoso colóquio, por vezes, vem à tona a preferência religiosa do nosso interlocutor, pela qual, não raro, procura demonstrar-nos, convicto, todo o apreço que lhe dedica, enaltecendo seus predicados, consequentemente, a sua crença.

Quando, porém, dialogamos com um irmão de ideal espírita, é bastante comum dele ouvirmos o seguinte comentário: "Estou tentando ser espírita".

Até quando vamos continuar tentando ser?

Até quando estas palavras continuarão fluindo por meio dos nossos lábios, evidenciando a tímida incerteza que paira sobre nós?

Na realidade, se assim pensamos, é sinal de que ainda não nos conscientizamos do real degrau espiritual onde nos encontramos.

Assim agindo, não nos damos conta de que essa forma de expressão com respeito à doutrina que abraçamos, além de estarmos sendo ingratos para com ela, poderá soar aos ouvidos do nosso interlocutor como uma falsa modéstia de nossa parte.

Ou então, a pessoa com quem dialogamos poderá deduzir que nossos poucos conhecimentos a respeito não nos encorajam a assumir o caminho religioso pelo qual optamos.

Enfim, além destas, muitas outras deduções ainda poderão ser feitas.

Por estas razões, vamos envidar os nossos melhores esforços para deixarmos de tentar e passarmos a ser, definitivamente, espíritas.

Sejamos gratos e justos para com esta doutrina que nos encanta e que mudou o rumo da nossa vida.

Não tenhamos dúvidas de que, a partir do instante em que a realidade do processo reencarnacionista penetrou em nossa alma e que a reforma íntima, fundamentada nos ensinamentos do Cristo Jesus, dos quais a Doutrina dos Espíritos é pródiga, já foi por nós iniciada, nada mais sensato para nos considerarmos espíritas, independentemente da curta ou longa caminhada que ainda haveremos de empreender nas sendas da evolução.

Tenhamos sempre vivaz, em nossa mente, a máxima enunciada por Kardec: "Se reconhece o verdadeiro espírita por sua transformação moral e pelos esforços que realiza para dominar as más tendências".

Se é assim, caro leitor, que você, verdadeiramente, se vê e se sente, tenha a certeza de que você, há tempos, já é espírita de alma e de coração!

Reflexões Oportunas

É do nosso conhecimento que o ser humano é formado de três partes essenciais, a saber:

· Corpo físico;

· Espírito (alma quando estamos encarnados);

· Perispírito (corpo espiritual).

Devido às inquestionáveis diferenças vibratórias entre o Corpo Físico e o Espírito, a infinita sabedoria divina interpôs entre eles o que Kardec denominou de Perispírito, elemento este vaporoso, sutil, não tão etéreo quanto o Espírito e não tão material quanto o Corpo, possibilitando a ambos relacionarem-se entre si.

O Perispírito não só envolve o corpo carnal, como também cada uma das células que o compõe e que, por sua vez, formam os órgãos, músculos, ossos...

Sem dúvidas, podemos dizer que o Perispírito é o molde e os demais elementos do veículo físico, seus moldados, ou suas respectivas réplicas carnais.

Durante o transcorrer das jornadas encarnatórias, os sentimentos, desejos, emoções (atributos exclusivos do Espírito) são naturalmente encaminhados ao Perispírito, que, por sua vez, os assimila e os envia ao Corpo Físico, para que este os recepcione e os possa manifestar.

Portanto, o Espírito cria o pensamento, o Perispírito o assimila e o transmite e o Corpo Físico o recepciona, o manifesta, o materializa, em forma de palavras, gestos, atitudes, ações...

Assim sendo, todas as vezes que a criatura humana se desarmoniza espiritualmente, deixando-se dominar, por exemplo, pelo ressentimento, pelo rancor, pela revolta, pelo ódio, pela incompreensão, pela dificuldade em perdoar e outras tantas desvirtudes, desestabiliza seu Perispírito, fazendo com que o seu arcabouço físico acabe sofrendo os efeitos dessas desarmonias, desalinhando-se também e, como consequência, tenderá a apresentar distúrbios leves, passageiros ou então outros mais graves, chegando mesmo a adoecer, dependendo, é lógico, da intensidade e da frequência das citadas desvirtudes.

A partir de então, os dedicados profissionais da medicina entram em cena, incumbidos de diagnosticar, amenizar e/ou curar os males que assediam seus hospedeiros e que, em grande parte das vezes, foram por eles mesmos semeados.

Por outro lado, se a criatura se esforçar para manter-se em harmonia, fazendo-se envolver, acompanhar, por bons pensamentos, o seu Perispírito assim também se manterá, possibilitando ao corpo físico usufruir este mesmo equilíbrio e esta mesma paz e, como consequência, tenderá a se apresentar saudável, distanciando-se dos mal-estares e das enfermidades oportunistas.

É do nosso conhecimento que o sangue, ao percorrer as entranhas do corpo, irá bem ou mal alimentar as suas células, dependendo, é claro, das características boas ou más do que fora ingerido.

Por outro lado, os fluidos leves, sutis, densos ou deletérios, resultantes do teor dos pensamentos, também irão transitar pelo Perispírito, bem ou mal, alimentando suas células perispirituais, proporcionando-lhe saúde, harmonia ou, então, desarranjos e/ou enfermidades para, a seguir, gradual e inevitavelmente, encaminhá-las às respectivas células do corpo físico que, por sua vez, lhes sofrerá as consequências boas ou más.

A título de exemplo, quando o ser humano se encontra em desequilíbrio espiritual, os órgãos secretores do seu veículo carnal também entram em desequilíbrio, produzindo importantes e vitais elementos, além ou aquém das suas reais necessidades, desestabilizando-o.

Seguindo o mesmo raciocínio, também a título de exemplo, os órgãos filtradores e armazenadores do corpo carnal serão convocados, na medida do possível, para administrar esses excessos ou carências dos citados elementos, desalinhando, desestabilizando suas funções, comprometendo, em suma, o metabolismo orgânico, dando livre acesso para que os distúrbios e as enfermidades venham a se manifestar.

Por outro lado, também é do nosso conhecimento que as carências, excessos ou extravagâncias alimentares, assim como os vícios do álcool, das drogas, do tabaco e outros tantos, provocam, sem dúvida alguma, pontuais, específicos e lamentáveis desajustes na vestimenta carnal.

Assim sendo, esses mesmos desajustes, com o tempo, irão sendo transmitidos ao Perispírito, alojando-se, naturalmente, em sua contextura sutil, vindo a desajustá-lo e adoecê-lo, sendo que o seu restabelecimento e cura, exigirão esforços inauditos para reverterem o quadro provocado por esses inquestionáveis desvios comportamentais.

Se a criatura humana não se empenhar, sem tréguas, para extirpá-los da intimidade da sua alma, quando seu escafandro físico disser adeus à vida e o seu Espírito partir para o Além, o seu Perispírito estará saturado dos miasmas produzidos pelos citados desvios e que o farão vivenciar momentos de indescritíveis sofrimentos e aflições, comprometendo, retardando a sua evolução pelos caminhos da luz.

Como os seres humanos, em grande parte, ignoram esta verdade, acabam, comumente, direcionando suas atenções e preocupações unicamente para o corpo carnal, na tentativa de aliviar ou curar os males que o afligem e que, em verdade, representam os "efeitos" dos seus descontrolados comportamentos, sendo que "as causas", muitas vezes, se encontram latentes no âmago de suas almas displicentes, relapsas, distraídas, no tocante aos sublimes ensinamentos do Divino Peregrino do Amor.

Pelas razões aqui expostas, torna-se imprescindível revisarmos os nossos conceitos, dedicando um pouco mais dos nossos preciosos tempos para melhor conhecermos o mundo espiritual que nos rodeia e que, insofismavelmente, nos influencia.

Ditames da Vida

O esforço próprio de cada um de nós haverá de nos conduzir ao encontro dos objetivos factíveis, de há muito desejados.

A responsabilidade, o empenho e a força de vontade se transformam em degraus de íngreme escadaria, que nos permitirão chegar a patamares que, sem eles, seriam, por nós, impossíveis de alcançar.

A compreensão para com os ditames da vida nos farão, mais rapidamente, visualizar o lago manso da harmonia e da paz, fazendo com que o nosso coração derrame o néctar da bondade nos corações ainda ressequidos, estiletados pelas dores do mundo.

A incompreensão, por sua vez, para com as leis da vida, sutilmente, vai desenvolvendo em nós o pessimismo, chaga que exala o odor acre do desânimo, fazendo-nos enxergar a vida totalmente destituída de beleza e de alegria, dando livre acesso para que o desencanto se instale nas profundezas da nossa alma, obscurecendo nossos dias, nosso viver.

A vida nos mostra, a todo o instante, seus valores, cabendo a nós próprios percebê-los, analisá-los e a eles, conscientemente, nos adaptarmos, desfrutando toda e qualquer experiência, como sendo lição oportuna, absorvendo, de cada momento vivido, o mel do verdadeiro saber, o que nos proporcionará uma existência serena, por consequência, feliz.

Não devemos, por outro lado, nos deixar influenciar pelas situações difíceis que, por vezes, vêm ao nosso encontro, sorvendo-as com avidez pelas vias do pessimismo contumaz, como que nos comprazendo com a desdita e nela permanecendo, carreando, para o imo da nossa alma, as cores negregosas da tristeza.

Desta forma, sem que tomemos consciência, pouco a pouco, vamos levando a todos aqueles que ao nosso lado compartilham esta jornada terrena os mesmos desencantos de que, teimosamente, não conseguimos nos desvencilhar.

Comprometemos os seus amanhãs, transformando-nos em tutores das suas desarmonias, dificultando, ainda mais, nossos passos, na árdua caminhada que estamos empreendendo rumo aos ternos braços de Jesus.

Procuremos, pois, enfrentar, quais sejam, as dificuldades, com galhardia, com destemor, trazendo nos olhos a esperança, nas palavras o otimismo sensato, nas mãos o trabalho enobrecedor e no coração a chama do amor.

Deixemos para trás as águas turvas das tristezas, por nós, geralmente, mal compreendidas e assimiladas, e mergulhemos no mar de águas cristalinas, farto das pérolas da resignação consciente, que banhará nossa alma, fazendo com que, no amanhã, por onde passarmos, deixemos um rastro profundo de fraternidade, de compreensão e de amor, tal qual o Homem Luz, há mais de 2 mil anos, sábia e generosamente nos legou!

Egoísmo Contumaz

Grande parte dos seres humanos que vivenciam esta jornada terrena, envolvidos pelos afazeres e responsabilidades do mundo, sem se aperceberem, distanciam-se, gradativamente, dos caminhos espirituais, enveredando por atalhos perigosos, aprisionando-se aos instintos e, deles, tornando-se cativos.

Transitam, olvidando-se daqueles que seguem em sua retaguarda, em sua frente, ao seu lado, muitas vezes estiletados pela dor, trazendo no semblante a imagem viva do desencanto e das aflições.

Vivenciando tão somente o seu mundo particular e egoísta, esquecem-se dos sofrimentos alheios, das lágrimas vertidas, das tristezas profundas que acicatam suas almas, adoecendo, por vezes, seus corpos físicos, acarretando-lhes calvários dos mais pungentes.

Enceguecidos pelo querer, olvidam-se de que esses irmãos são seres humanos, também em busca dos seus objetivos e que sem ajuda, compreensão e amor, embrenham-se pelas estradas tortuosas do desânimo, entregando-se ao marasmo da solidão que lhes serve de refúgio, tornando enfadonho o seu existir, levando-os a desencantarem-se da vida.

Frígidos, insensíveis para com as dores alheias, seguem seus caminhos, destituídos de fraternidade e amor, sem se darem conta de que, na verdade, fazem parte deste imenso contingente de almas sofridas que, ansiosamente, buscam encontrar a doce felicidade.

O egoísmo contumaz, neles incrustado, cerra seus ouvidos, cega seus olhos, emudece suas vozes, paralisa seus braços, insensibilizando suas mãos e seus corações aos sofrimentos alheios.

Buscam a felicidade e não a conseguem alcançar, sem se aperceberem de que, para conquistá-la e usufruí-la, basta empenharem-se para levá-la àqueles que também, incessantemente, a procuram.

Para tanto, é suficiente abrirem seus olhos, seus ouvidos, seus lábios, seus braços, suas mãos e seu coração aos carentes de amor e, como generosa retribuição, sentirão a presença do Divino Amigo a balsamizar suas almas, forrando com flores perfumadas o chão dos seus caminhos.

Ao empenharem-se para abrandar os laços, até então egoísticos da família carnal, da qual continuam partícipes amorosos, indo, porém, mais além, levar a corações que desconhecem, mas que percebem necessitados e sofridos, sua companhia, sua amizade, caridade e amor, encontrarão a harmonia e a paz, antessalas da felicidade que tanto buscam encontrar.

Pensamentos

Durante as noites claras, sentimo-nos motivados a direcionar o nosso olhar para o firmamento, encantando-nos com sua beleza e imensidão, evidenciando a grandiosa obra divina.

Neste espaço infinito, desfilam galáxias, sistemas, sóis, estrelas, planetas, satélites guardando segredos que, só com o passar do tempo, as inteligências humanas irão desvendando.

A princípio, imaginávamos que este espaço se encontrava vazio, sem vida, servindo tão somente como pano de fundo por onde transitavam incontáveis corpos celestes, para deleite dos habitantes da Terra.

Na realidade, este espaço acha-se totalmente ocupado pelo que denominamos de fluido cósmico universal, fluido este que envolve e interpenetra todos os corpos, inclusive, logicamente, os dos encarnados e desencarnados que interagem neste planeta azul, palco das provas e expiações de que todos necessitam para poderem vivenciar o Evangelho de Jesus e evoluírem.

É justamente neste espaço estuante, pleno de vida, que os pensamentos emitidos por encarnados e desencarnados transitam livremente, pois nele encontram as condições ideais para se locomoverem, tal qual acontece com o som que se propaga no ar e da eletricidade que se agiliza por meio da água.

Se bem refletirmos, concluiremos que encarnados e desencarnados vivem mergulhados em um imenso mar de pensamentos.

Levando em consideração esta afirmação, é lógico deduzir-se que poderemos ser bem ou mal influenciados por pensamentos alheios, como, também, poderemos bem ou mal influenciar pensamentos de outras pessoas.

Formas-Pensamento

Como sabemos, ao nos deixarmos enlaçar por pensamentos censuráveis, gradualmente iremos cristalizando-os em nossa mente, projetando-os, automaticamente, no espaço fluídico que nos rodeia, prejudicando, não apenas a nós mesmos, como também aos que com eles se afinizam.

Agindo dessa maneira, esses pensamentos irão formando configurações que os caracterizam e que são conhecidas como formas-pensamento.

Assim sendo, dando asas a esse insensato proceder, passaremos não apenas a alimentar as tais formas-pensamento, como também por elas sermos alimentados, formando um círculo vicioso de difícil interrupção.

Destarte, recrudesce o nosso desequilíbrio mental, dele tornando-nos prisioneiros, fazendo com que deixemos um rastro de desamor por onde transitarmos, comprometendo-nos perante a justiça divina, antessala das nossas futuras enfermidades físicas e espirituais.

Todavia, se nos fizermos acompanhar por nobres pensamentos, obviamente, criaremos formas-pensamento com eles compatíveis, presenteando a nós mesmos com a paz que tanto almejamos e que, sem dúvida, irradiaremos a todos aqueles que nos honrarem com a companhia.

Egrégoras

Levando-se em conta que "os semelhantes se atraem", os pensamentos vão se unindo a outros de igual teor, formando no espaço o que denominamos de egrégoras.

Estas, à medida que vão se nutrindo dos nossos e de outros pensamentos afins, condenáveis, avolumam-se, passando não apenas a desarmonizar as mentes daqueles que as alimentam, como também as de outros tantos seres distraídos, imprudentes, influenciáveis, que formam grupos, bairros, cidades, estados, nações,... É assim que as guerras eclodem, justificadas pela somatória dos pensamentos egoístas, belicosos que transitam pelas mentes antifraternas, indubitavelmente descontroladas.

É lógico que os pensamentos elevados, por sua vez, unem-se e avolumam-se, também, formando egrégoras vigorosas, atuantes, mensageiras da harmonia, da paz e do amor.

Assim sendo, podemos aquilatar as responsabilidades que assumimos para conosco e para com os outros com o nosso pensar perante a justiça divina, razão pela qual deveremos sempre nos empenhar para emitir bons e nobres pensamentos.

Por um outro lado, não é incomum que pessoas portadoras do mesmo tipo de doença e seu séquito de sintomas, apesar de receberem tratamento e medicamentos idênticos na composição e dosagem, não apresentem os mesmos resultados, pois umas conseguem a cura e outras não, fazendo com que os médicos se vejam impelidos a prescrever outras drogas, esperançosos de que seus pacientes venham a obter melhoras, debelando a enfermidade que os agride.

Todavia, se avaliarmos esses fatos à luz da espiritualidade, um outro aspecto de suma importância também participa deste contexto, interferindo no sucesso da medicação ou no seu fracasso.

Referimo-nos ao teor dos pensamentos que se acham sitiados na intimidade espiritual dos enfermos e que, inexoravelmente, acabam revestindo seus perispiritos com fluidos que, inapelavelmente, "descem" e penetram em seus organismos físicos, percorrendo suas entranhas, presenteando-lhes com a harmonia ou, então, provocando-lhes incômodos desajustes.

No primeiro caso, estando o enfermo munido de pensamentos nobres, conscientemente otimistas, os fluidos etéreos saudáveis, que revestem o seu perispírito, "descem" e penetram o seu corpo carnal, possibilitando aos medicamentos utilizados a potencialização dos seus valores específicos, obviamente repercutindo de forma eficaz no seu estado físico, contribuindo, em muito, para o sucesso do seu tratamento.

No segundo caso, ao contrário, estando o doente perturbado, envolvido por pensamentos de indignação, de temor, de pessimismo, no tocante a doença que o assedia, obviamente seu perispírito se encontra revestido de fluidos grosseiros, pastosos, que, da mesma forma, "descem" e penetram em seu organismo carnal, contribuindo para aumentar a desordem física que a doença ilustra, prejudicando, sensivelmente, o potencial e o efeito das medicações ministradas, dificultando, sobremaneira, o arrefecimento dos sintomas enfermiços e a própria cura do paciente.

Assim sendo, independentemente do tratamento médico a que estamos sendo submetidos, um valiosíssimo agente, o Espiritual, entra, inexoravelmente, neste contexto, desempenhando papel de relevância no tratamento e na possível cura das doenças que venham a se manifestar em nosso arcabouço físico.

Enfim, por esta e por outras tantas razões, é imprescindível mantermos os nossos pensamentos em níveis elevados, compatíveis com os sábios ensinamentos de Jesus, para que, ao nos exercitarmos pelas veredas da vida, deixemos um rastro perfumado de amor por onde transitarmos.

Quantum Energético

Ao reencarnarmos, trazemos em nossa sutil vestimenta espiritual o que nos permitimos chamar de potencial energético que, em princípio, nos dará suporte para que possamos levar avante a jornada terrena que estamos prestes a iniciar.

Este *quantum* energético, à medida que os dias, meses, anos transcorrem na esteira do tempo, vai sendo utilizado, reduzido, escoado devido aos compromissos e responsabilidades inerentes à vida, aos vícios adquiridos, aos padrões alimentares adotados, muitas vezes distraídos, displicentes, baseados, principalmente, no prazer visual, olfativo ou gustativo que o alimento induz e, fundamentalmente, a alimentação mental adotada, comumente displicente, baseada no egoísmo contumaz.

Assim, mal alimentado mentalmente, insuspeitáveis incômodos e desajustes vão ocorrendo em nosso corpo espiritual, sendo, sutil e gradualmente, encaminhados ao nosso veículo carnal, nele acarretando, com o passar do tempo, enfermidades, por vezes, de difícil diagnóstico e consequente tratamento.

Nesses casos, as referidas perturbações que o nosso corpo físico vai apresentando nada mais são do que os "efeitos", pois as verdadeiras "causas" encontram-se sitiadas na intimidade da nossa alma desalinhada, escrava do mundo, ainda distante das sendas do amor.

É fato inconteste que durante o processo do sono, enquanto o nosso corpo adormece, aconchegado ao leito, buscando o natural refazimento, não raro, nossa alma dele se liberta, voejando, por vezes, para o mais além, vivenciando momentos diversos no mundo espiritual que a rodeia, deles lembrando-nos ao despertar, ou então, retendo apenas *flashes*, ou, ainda, deles nada nos recordando, pois ficaram tão somente, gravados no ímo da nossa alma, para, durante a nossa vida, oportunamente, dela emergirem sob a forma de intuições.

Durante esse tempo de alforria da alma, sempre que se faz necessário, possível e meritório, experientes e amorosos Espíritos se aproximam do nosso veículo físico, empenhando-se para reequilibrá-lo, reenergizando-o.

Assim, à medida que vão sendo ajustadas as nossas forças, readquirimos condições para dar continuidade à vida, pondo-nos em marcha, visando alcançar os objetivos a que nos propusemos, a que fomos estimulados ou a que fomos impelidos a experienciar, quando ainda nos encontrávamos no mundo espiritual, no aguardo de mais uma oportunidade reencarnatória.

Por outro lado, é sabido que durante o desenrolar do nosso processo digestório, ao serem desdobrados os diversos nutrientes que o alimento encerra, nossa corrente sanguínea vai assimilando-os, para que, ao percorrer os incontáveis meandros do corpo físico, venha a nutrir as inumeráveis células que o compõem, possibilitando a cada uma delas desempenhar as funções que lhes são específicas.

Nos casos em que a nossa alimentação for equilibrada, consciencіosa, obviamente nossas células nos agradecerão, retribuindo-nos as atenções em forma de saúde.

Entretanto, caso contrário, quando nossa alimentação for distraída, inconsequente, irresponsável, carente de valores nutricionais, não condizentes com as nossas reais necessidades e que a ciência, incansavelmente, vem nos alertando quanto aos seus riscos, o nosso veiculo carnal irá, aos poucos, ilustrando sob a forma de desconfortos, de doenças, esse nosso desrespeito para com vida.

Mais grave ainda, é quando nos deixamos enredar pelos vícios que acabam por corroer nossas entranhas, prejudicando-nos física, moral e espiritualmente, desequilibrando-nos, acarretando, com o passar do tempo, as enfermidades do corpo e da alma, características desses perniciosos desvios de comportamento.

Além desses fatores, um outro, de suma importância, insere-se neste contexto, qual seja, aquele que diz respeito ao alimento mental de que nos utilizamos no nosso dia a dia.

Assim sendo, ao permitirmos que a revolta, a raiva, o ódio, o rancor, a mágoa, o melindre, o orgulho, a inveja, a avareza, a melancolia, o pessimismo, a carência de perdão, de caridade, de compaixão, de amor..., tendo como mentor o egoísmo contumaz, enlacem as nossas almas, inquestionavelmente acabarão por desajustá-las, fazendo-as adoecer.

Essas citadas imperfeições da alma, transformadas que são, em fluidos densos, pastosos, grosseiros, deletérios, verdadeiras toxinas psíquicas, vão envolvendo o nosso perispírito, nele aderindo e interpenetrando-o, encaminhando-se, naturalmente, para o interior do nosso corpo físico, nele provocando, gradualmente, desarranjos, delineando as insidiosas enfermidades que, oportunamente, irão eclodir.

A medicina, por seu turno, empenha-se, heroicamente, para encontrar as causas de tais doenças, cujos efeitos o corpo tão somente os manifesta.

Exames diversos, aparelhos sofisticadíssimos assessoram os médicos, com a finalidade de proporcionar-lhes os subsídios necessários para que possam bem diagnosticar os males que afligem os seus pacientes e, a seguir, tratá-los convenientemente.

Todavia, os desvios espirituais causadores das tais enfermidades, a medicina encontra dificuldades para desvendar, razão pela qual continuarão peregrinando, livremente, pelo organismo físico, promovendo um séquito de transtornos aos seus incautos hospedeiros.

Inúmeras vezes, tratamentos e cirurgias de toda sorte tornam-se imperativos, com o propósito de debelar os males. Entretanto, mesmo quando são realizados com sucesso, nem sempre os médicos conseguem evitar que a mesma ou outras doenças venham a eclodir em seus pacientes, mascaradas que estão por outros aspectos e etiologia, não menos preocupantes e constrangedores, pois as causas espirituais que provocaram as recidivas encontram-se ocultas, camufladas, na contextura íntima das suas almas, esquecidas dos sublimes ensinamentos do Mestre de todos os mestres.

Assim, imprudentes e distraídas, as criaturas reiniciam os seus calvários de dores e aflições, transitando pelos consultórios médicos, na esperança de que esses abnegados profissionais consigam eliminar, ou mesmo minimizar os males que seus corpos físicos retratam e que, na verdade, se constituem nos "efeitos", cujas "causas" encontram-se mascaradas, escondidas no ímo das suas almas relapsas, ainda distantes dos caminhos da redenção.

Por estas razões, enquanto os seres humanos não se empenharem para vivenciar o Evangelho de Jesus, as doenças permanecerão latentes em suas almas, aguardando tão somente, o momento oportuno, proporcionado pelos seus desequilíbrios morais, espirituais, para em forma de fluidos densos, pegajosos, iniciarem o descenso em direção aos seus envoltórios carnais para, ali, provocarem seus efeitos danosos.

Comodistas, distraídos para com as lições de amor que Jesus os presenteou, os seres humanos colocam nas mãos dos médicos as responsabilidades das suas curas, terceirizando o processo, quando, em grande parte das vezes, a medicação deveria ser ministrada por eles próprios, transformando as desvirtudes em virtudes, evitando, assim, que as enfermidades deixem de bater em suas portas, extemporânea e persistentemente.

Enquanto os médicos tratam ou cirurgiam os "efeitos" que o corpo físico retrata, cabe às criaturas humanas medicar e cirurgiar as próprias almas, eliminando suas "causas" e, para tanto, basta seguir os conselhos que há mais de 2 mil anos o sublime Peregrino do amor a todos legou.

Vícios

Atualmente, ao trafegarmos pelas calçadas da vida, tornou-se bastante comum nos depararmos com seres humanos fragilizados, destituídos de bom senso, responsabilidade e força de vontade, que, sem apor resistência, deixam-se influenciar pelas bagatelas do mundo, tornando-se reféns dos instintos, indiferentes aos amorosos convites da espiritualidade.

Tendo suas almas enfermas, consequentemente, acabam por fazer adoecer, também, seu veículo carnal, passando a transitar pelas estradas perigosas dos vícios, como o álcool, o tabaco, as drogas..., que, aos poucos, vão minando suas resistências físicas, comprometendo o hoje, o amanhã e o depois das suas vidas.

Dominados por esses desregramentos, despersonalizam-se, perdendo o bom senso, a autoestima e a própria razão.

Permanecendo à mercê desse censurável proceder, sem dúvidas, esses inconsequentes irmãos de jornada terão suas casas mentais invadidas por Espíritos também viciados, que tudo farão para manter os seus hospedeiros a eles escravizados, para, assim, por meio deles, virem a saciar os seus condenáveis apetites.

Desta forma, haverão de desperdiçar preciosos momentos das suas existências, pois ignoram que, assim agindo, aos poucos, irão dando cabo das suas próprias vidas, inconscientemente, suicidando-se, partindo para o mundo dos espíritos prematuramente, carregando, imantados em suas vestimentas espirituais, os mesmos vícios que, quando encarnados, não conseguiram ou não se empenharam para deles se desvencilhar.

No além, os Espíritos viciados haverão de juntar-se a outros Espíritos afins, correndo o risco de virem a transformar-se em obsessores de encarnados, também aprisionados aos vícios, escravizando-os para, assim, satisfazerem os seus execráveis desejos, tal qual com eles ocorrera quando ainda vestiam o traje carnal.

Para que essas e outras desagradáveis situações não venham a ocorrer, essas criaturas deverão agora, iniciar o corajoso combate às fraquezas das suas almas, por ora distraídas quanto aos valores espirituais, pois só assim agindo haverão de iluminar as suas consciências, tornando-se, com o passar do tempo, verdadeiros seguidores de Jesus.

Cega Vaidade

Por força dos conhecimentos auferidos pelas nossas mentes ao longo da escalada reencarnatória, pelas experiências e informações que vão adentrando o manancial dos nossos sentidos, somos, por vezes, instintivamente, impelidos a nos considerar enriquecidos de muitos conhecimentos, atribuindo-nos valores de que ainda não somos possuidores.

Assim sendo, gradativamente, tornamo-nos observadores atentos e perspicazes, transformando-nos, pouco a pouco, em críticos frios e impiedosos, distanciando-nos do calor aconchegante da fraternidade e do amor.

Denunciando pretensioso saber, os donos absolutos da verdade, sem nos apercebermos, vamos nos apartando do mundo pujante que nos circunda, passando a vivenciar, sutilmente, a solidão que para nós mesmos edificamos.

Corações a nós ligados pelos laços de consanguinidade vão, lentamente, se dando conta dos nossos deslizes e equívocos, mas, por força do amor, compreendem-nos, perdoam-nos pela nossa indevida e cega vaidade, esperando que, com o passar dos tempos, a vida possa ensinar-nos a simplicidade do verdadeiro caminho a ser trilhado.

Somente nos apercebemos das coisas e fatos que a nós e àqueles a quem amamos interessa.

Senhores do mundo, achamos que de ninguém necessitamos, autossuficientes, achamo-nos capazes de viver sem de ninguém depender.

Ledo engano.

Não temos tempo para refletir a respeito do teto que nos cobre, das roupas que nos vestem, da mesa em que ao seu redor nos sentamos, do alimento que nos nutre, da água que mitiga a nossa sede, do leito que refaz nosso corpo da lida diária, do cobertor que nos protege, da luz que nos alumia, e que não foram por nós criados e produzidos, pois foram milhares de mãos, por nós desconhecidas, que as confeccionaram para atender às nossas, por vezes, tão primárias necessidades.

Somos tão somente usufrutuários dos tesouros do mundo e que, muitas vezes, temos dificuldades para reconhecer e aceitar.

Todos nós, sem qualquer exceção, necessitamos uns dos outros e, juntos, somos capazes de muito e, sozinhos, reduzidos estaremos às nossas mais ínfimas possibilidades.

Deixemos as críticas dizerem adeus à nossa mente, para que a musicalidade do amor adentre nossos ouvidos, para que a doçura envolva as nossas palavras e a nossa voz, para que o trabalho em favor do próximo fortaleça nossas mãos e para que o suave perfume do Cristo Jesus balsamize nossa alma.

Assim agindo, a cada dia iremos reconhecendo a importância de cada ser humano que, como nós, busca a felicidade, sem nos darmos conta de que começaremos a encontrá-la quando compreendermos o verdadeiro sentido da caridade, da humildade e do reconhecimento dos valores e necessidades alheios, que o Divino Amigo, na sua peregrinação por este bendito planeta azul, tão docemente vivenciou, tornando-se merecida e unanimemente reconhecido, como o "Mestre de todos os Mestres!".

Daltonismo Espiritual

Durante a nossa caminhada por este planeta de provas e expiações, por vezes, nos deparamos com seres humanos que, ainda, apresentam em seus órgãos visuais uma incapacidade para diferenciar ou para perceber certas cores, o que lhes acarreta algumas dificuldades, sejam no campo profissional, social, familial... e que a medicina diagnostica, denominando-a de daltonismo.

Muitas dessas criaturas, desconhecendo que são portadoras desse distúrbio, permanecem equivocando-se na avaliação das cores, julgando-se corretas, quando na verdade encontram-se em erro, até que um dia, alertadas por alguém ou visitando um oftalmologista, acabam tomando conhecimento da anomalia que, há tempos, as persegue.

A partir de então, conscientizam-se dos inúmeros enganos de avaliação que cometeram no passado e que poderiam ter sido evitados, caso tivessem tido o prévio conhecimento desse incômodo fato.

Tendo em vista o que acabamos de expor, por analogia, tomamos a liberdade de dizer que existem, por este mundo afora, inúmeros seres humanos que nos permitimos denominar "Daltônicos Espirituais", que, em realidade, carregam na alma o orgulho frívolo que lhes embaça a visão espiritual, fazendo-os enxergar, em si próprios, valores que não possuem e que, em vão, tentam ilustrar, mas que os olhos alheios não conseguem visualizar.

Enganam-se em seus levianos julgamentos, deixando um rastro de pretensão, inquietação e injustiça por onde transitam.

Essas criaturas, equivocadas, constantemente enlaçadas pela mágoa, ressentimento, revolta até, acabam por transformar amizades sinceras, despretensiosas, em malquerenças, retardando seu encontro com a doce fraternidade.

Confusas que estão, são capazes de converter palavras a elas dirigidas, destituídas de qualquer maldade, em dardos afiados a lhes ferirem as entranhas da alma orgulhosa, escrava do melindre.

Transfiguram atitudes, gestos, olhares naturais a elas endereçados, em manifestações de desrespeito às suas pessoas, envolvidas que estão pelo orgulho pretensioso e enganador.

Estes seres humanos têm a capacidade de transformar boatos, fuxicos, em verdades absolutas, assim como, informações irresponsáveis, superficiais, falsas até, em fatos irrefutáveis, só porque lhes atingiram a intimidade, carregada de melindre.

São capazes de enxergar prepotência e vaidade em pessoas espontâneas, despretensiosas, tão somente porque essas criaturas exteriorizam aptidões ou qualidades que eles não possuem, fazendo-os sentirem-se feridos em seus brios ilusórios, prisioneiros que estão do orgulho persistente que lhes acompanha os passos.

Assim agindo, esses seres humanos, aos poucos, vão se tornando cativos da solidão, antessala da tristeza que, por certo, haverão de vivenciar nos seus amanhãs.

Todavia, se esses irmãos de jornada abrirem as portas dos seus corações e convidarem o Mártir da Cruz para neles adentrar, haverão de, gradativamente, eliminar o "Daltonismo Espiritual" que até então lhes fazia companhia, visualizando a vida por meio de novos e coloridos ângulos, distanciando-se do orgulho irreverente que outrora lhes prejudicava a visão, dificultando-lhes a caminhada, retardando-lhes o sublime encontro com Jesus.

Assim agindo, haverão de desfrutar momentos de inigualáveis alegrias, entrevendo as cores vivas da felicidade que, pouco a pouco, seus olhos espirituais passarão a enxergar.

Desconfiança

Nos nossos dias, impelidos pelos instintos e pelos estímulos da matéria que nos envolve, sem nos darmos conta, vamos, pouco a pouco, colocando em nossos corações a incerteza, fazendo com que a desconfiança passe, gradativamente, a nortear os nossos passos.

O nosso ser, sutilmente, passa a ser envolto pela bruma obscurecida da desatenção, da falta de condescendência e compreensão e, às vezes, até mesmo do desrespeito e desconsideração, externando a desconfiança nítida que fez morada em nossa alma.

Nossos olhos, nossos ouvidos, nossa mente, atentos, vão adquirindo o lastro negregoso que nos toma especialistas em detectar os deslizes, as falhas, os equívocos e, portanto, as fragilidades daqueles que nos dão a caridade da sua companhia, para deles nos valermos em benefício próprio.

Assim agindo, vamos fazendo com que nossas palavras, gestos, atitudes e mesmo nosso silêncio sejam cobertos pelo tênue verniz da superficialidade, excluindo o tesouro da sinceridade, simplesmente para nos precavermos de eventuais riscos futuros que, por vezes, enquistamos em nossas mentes, como se fossem escudos a nos proteger de inimigos que somente nossa alma, desconfiada, supõe existir.

Olvidamo-nos, porém, de que, ao desconfiarmos, o maior equívoco está em nós mesmos, pois, egoisticamente, somente levamos em conta o que pensamos, o que deduzimos, sem nos atermos a que o nosso interlocutor também é um ser humano, possuidor de riquezas que não estamos sabendo avaliar e que, consequentemente, nos fariam crescer.

Assim sendo, nossos olhos perdem a candura; nossas palavras, a sinceridade; nossos ouvidos, a paciência e, como consequência, todo o nosso ser vai se tornando impermeável às belezas do mundo, enregelando-nos interiormente.

Nosso coração passa a exteriorizar o amor, somente para aqueles que amamos, para aqueles que compactuam com nossos interesses, aptidões e pensamentos, negando aos demais o doce perfume da fraternidade.

Por isto, aproveitemos todos os momentos que a vida generosamente nos concede, para fazer da sinceridade a nossa bandeira, externando-a com coragem, a todos aqueles que o Pai da Vida faz cruzar os nossos caminhos.

Entretanto, se em alguns momentos da nossa jornada, alguns corações não compreenderem a pureza das nossas palavras, atitudes e pensamentos, não nos decepcionemos, não nos entristeçamos, tendo sempre em mente que cada um oferece o que tem e nós, amorosamente, fizemos a nossa parte, ofertando ao próximo o tesouro da sinceridade, sem exigir ou mesmo esperar que façam o mesmo para conosco.

Para que nos sintamos cada vez mais motivados a assim agir, torna-se necessário que tenhamos, bem nítido em nossa mente, o testemunho legado há mais de 2 mil anos pelo Divino Amigo, quando, mesmo martirizado no madeiro infamante, pôs em evidência para toda a humanidade a doçura e a sinceridade do seu amor, que se encontram latentes em nossos corações.

Inconstância

No cotidiano das nossas vidas, nem sempre conseguimos perceber o quanto somos inconstantes no nosso falar, no nosso proceder e, fundamentalmente, no nosso pensar.

Nossos olhos, em algumas oportunidades, são capazes de emanar ternura, piedade, amor, e, em outras tantas, agressividade, desdém, ódio...

Nossos lábios são capazes de proferir doces palavras de incentivo, de elogio, evidenciando o nosso compreender, e, vezes outras, de pessimismo, repletas de críticas, exalando o odor ácido produzido pela ausência do aroma perfumado de que se reveste a fraternidade.

Somos capazes de escutar, com paciente atenção, palavras de diversos conteúdos, porém, em outras oportunidades, nossos ouvidos cerram-se, insensíveis aos sons a eles endereçados.

Nossos braços são capazes de exteriorizar carinho, saudade, reconhecimento, consolo, amizade e, em outros momentos, deixar extravasar abraços desprovidos desses tesouros, porém refertos de insensibilidade e frieza.

Nossas mãos são capazes de acarinhar, proteger, acalmar, como também, em ocasiões outras, de agredir, omitir, provocar.

Somos capazes de realizar atos de fraternal heroísmo e, por vezes, de apatia e acovardamento.

Somos capazes de conquistar vitórias brilhantes, pautadas pela força de vontade e, em outras tantas ocasiões, de derrotas decepcionantes, alicerçadas no desânimo e na indolência.

Somos capazes de dirigir os nossos passos ao encontro daqueles que se encontram amplexados pela dor e, instantes outros, afastamo-nos carregando conosco o lastro da ingratidão.

Somos capazes de mitigar a sede e a fome daqueles que se encontram à deriva na vida, como também, em outras horas, permanecemos omissos, envolvidos pelo torpor do egoísmo.

Somos capazes de ir em direção daqueles que se encontram enregelados pela solidão física e espiritual e, a seguir, olvidá-los na sarjeta do mundo, esperando que a morte os enlace.

Caro leitor, procure analisar em detalhes estas modestas considerações e esforce-se para sentir a necessidade que temos de inserir, no âmago da nossa alma, a joia que denominamos de equilíbrio.

Para que possamos conquistá-la e dela desfrutarmos, basta tão somente que vivenciemos o dia a dia das nossas existências, como se estivéssemos caminhando, lado a lado, com Jesus!

Melindre

Todos nós, filhos do Amantíssimo Pai, somos, por assim dizer, verdadeiras pedras preciosas, necessitando ser trabalhadas pela vida para que possam fazer emergir dos seus interiores o brilho fulgurante do amor.

Encarnamos com a finalidade precípua de burilarmos a nossa alma, extirpando de nós as desvirtudes que impedem o seu resplendor, lapidando o amor, dando-lhe um sem-número de faces, para que possa irradiar seus raios luminescentes em todas as direções.

Nesse caminhar incessante, por vezes, nos encontramos, face a face, com obstáculos que nos impedem de avançar.

Embaçam nossos olhos, prejudicam a nossa audição, emudecem a nossa voz, aprisionam os nossos braços, algemam as nossas mãos, entorpecem o nosso coração.

É o melindre que, sutilmente, amplexa a nossa alma, tornando-a cativa do orgulho e da incompreensão.

Como densa névoa, nos impede de visualizar nossos defeitos, analisá-los e corrigi-los.

Esgueirando-se, traiçoeiramente, por entre as nossas desvirtudes, o melindre penetra em nossos ouvidos, qual réptil venenoso a instilar a mágoa e a inimizade, transformando palavras destituídas de maldade, a nós endereçadas, em dardos penetrantes a nos ferirem, quando, na realidade, o interlocutor não teve tal intenção.

Continuando sua trajetória, sutilmente, turva a nossa visão, transformando os olhares, os gestos, as atitudes naturais daqueles que nos ofertam a gentileza da sua companhia, em desrespeito desarrazoado a nossa pessoa, empanzinados que estamos pelo orgulho pertinaz.

Seguindo com sagacidade o seu roteiro, o melindre desarmoniza o nosso sentir, transformando a ausência das pessoas queridas, por razões plenamente justificáveis, em atitudes de desconsideração para conosco, refertos que estamos da vaidade pretensiosa e falaz.

Instilando incompreensão por onde passa, o melindre envenena a nossa alma, descolorindo a nossa vida, envolvendo-nos com o aroma desagradável da solidão por nós mesmos provocada, acinzentando os nossos dias, trazendo pessimismo ao nosso porvir, desencanto ao nosso coração.

Para que do melindre possamos nos libertar, basta tão somente sentirmos a presença do Divino Peregrino do Amor ao nosso lado, fazendo-nos compreender que o ser humano apenas poderá nos ofertar os bens de que é realmente possuidor, poupando-nos de esperar, inutilmente, que nos presenteiem com joias que ainda não conquistaram.

Ressentimento

No transcorrer da nossa jornada terrena, sem muito esforço, haveremos de nos deparar com seres humanos que por meio das suas palavras, olhares, atitudes e ações, delatam a desconfortável presença do ressentimento em suas almas, ainda cativas dos desenganos e das bagatelas do mundo.

Acossados pelo orgulho pertinaz, sem apor-lhe a mínima resistência, deixam-se enlaçar por este desvaloroso sentimento, comprometendo o seu convívio familial, profissional, social e, logicamente, suas próprias vidas.

Dele prisioneiros, é comum sentirem-se ofendidos, desrespeitados, desprezados, ilustrando, por meio das suas manifestações orais, faciais, gestuais, o seu descontentamento, deixando transparecer o fel do orgulho, camuflado em forma de ressentimento, a espraiar-se na intimidade das suas almas enfermas, fazendo com que, gradualmente, o seu corpo carnal venha, também, a adoecer.

Transportando, dia após dia, no alforge das suas almas, essa desvirtude, vão embrenhando-se na floresta densa e perigosa dos julgamentos precipitados, instintivos, transformando suas existências num calvário de aflições íntimas, distanciando-se da seara da tal felicidade.

Não é raro que os seres humanos com os quais convivem, interagem, lhes enderecem doces palavras, fraternais atitudes e comportamentos condizentes com os seus princípios educacionais, culturais, sociais. Entretanto, olvidam-se de que os irmãos de jornada somente lhes poderão ofertar o que possuírem e, muitas das vezes, teimam deles esperar que lhes presenteiem com o que, ainda, não têm.

Assim pensando, delatam o desconhecimento acerca do significado da palavra Alteridade – saber conviver com os diferentes – e, por esta razão, não conseguem entender que, cada ser humano, espelha a somatória das suas incontáveis experiências vivenciadas ao longo do carreiro das encarnações, evidenciando, em oportunidades tantas, os valores e desvalores que possuem e que somente o tempo os fará identificar e avaliar.

Se, porventura, assim, ainda, nos encontramos, empenhemo-nos para não permanecermos no aguardo de que as criaturas que conosco transitam pelas passarelas do mundo nos venham ofertar o que desejamos receber, mas sim presenteá-las com tudo aquilo que de nós esperam, pois seria assim que o

Mártir da Cruz agiria, se ainda estivesse peregrinando por este planeta azul, que, gradualmente, caminha pelas estradas promissoras da regeneração.

Insidiosa Depressão

A palavra depressão, com o passar do tempo, tornou-se muito comum, bem frequente em muitos lábios, traduzindo a desarmonia mental que acompanha os passos dos seus intranquilos hospedeiros.

Essas pessoas, denominadas depressivas, espelham características semelhantes, onde o desalento e a tristeza imperam, cristalizando-se em suas mentes, transformando-se, pouco a pouco, em atroz melancolia que acinzenta os seus dias, nubla os seus amanhãs, incitando-as a percorrer as perigosas estradas do pessimismo e suas desagradáveis consequências.

No transcorrer desse incômodo e progressivo processo, esses seres humanos vão apresentando no convívio familiar, social, profissional e outros tantos, alterações comportamentais dignas de nota, que, naturalmente, passam a impactar, preocupar e, por vezes, molestar as pessoas que fazem parte do seu relacionamento.

Utilizando-se de impensadas palavras, inabituais atitudes e inconscienciosas ações, essas criaturas vão expondo o grau de desequilíbrio mental que as está envolvendo, projetando para si mesmas, se não mudarem de comportamento, um futuro complicado, incerto e desanimador.

Seus parentes e amigos mais próximos, motivados pelos preocupantes desvios que estes seres apresentam, acabam por convencê-los a consultarem um especialista médico ou psicólogo, na expectativa de que esses profissionais venham a solucionar os embaraços mentais que os assediam.

Assim, iniciam seus tratamentos, passando a ingerir medicamentos específicos, que agem, primordialmente, nos seus corpos físicos, cujas vendas são controladas, tal a especificidade e o potencial que os seus princípios ativos encerram.

Com o passar do tempo, uma certa acalmia passa a envolver esses irmãos de jornada, delatando uma superficial melhora no seu estado, fazendo com que as esperanças de uma futura cura se façam presentes.

Porém, tão logo um pensamento, uma ocorrência desconfortante venham incomodá-los, desiludem-se rápida e facilmente, retornando ao estado anterior, ilustrando os mesmos e desagradáveis sintomas, levando intranquilidade a eles próprios e aos seus queridos.

Por consequência, os profissionais que os assistem sentem-se motivados a manter os medicamentos ministrados; por vezes, aumentam-lhes a dosagem ou, então, os substituem por outros, na expectativa de que venham a produzir os efeitos esperados, arrefecendo e espaçando os eventuais surtos depressivos.

Tão logo seus pacientes denotem melhoras, os profissionais sentem-se impelidos a diminuir as dosagens medicamentosas, esperançosos de, no futuro, diminuí-las ainda mais ou então substituí-las por outras menos agressivas, mais amenas e, por fim, suspendê-las de vez.

Enquanto isto não ocorre, é compreensível que os chamados depressivos sintam-se fragilizados, preocupados, temerosos quanto às recidivas que possam vir a ocorrer, tornando-se, em muitos casos, dependentes dos especialistas médicos ou psicólogos que os assistem, buscando-os, aflitivamente, tão logo se veem ameaçados pelo agravamento dos mesmos sintomas que, há tempos, não lhes dão tréguas.

E, assim, prosseguem desesperançosos em seus intermináveis calvários de aflições, desalento e melancolia, sofrendo e fazendo os seus queridos sofrerem também.

É evidente que as drogas que lhes são ministradas agem tão somente, nos seus corpos físicos, repondo os elementos faltantes ou complementando-os, providências estas que, obviamente, facultam-lhes algum tipo de melhora; no entanto, esses mesmos medicamentos combatem apenas os "efeitos", amainando-os temporariamente, enquanto as verdadeiras "causas" encontram-se latentes no recôndito das suas almas em desalinho.

Basta, então, que um pensamento negativo, um impasse, uma contrariedade, uma situação desconfortante, próprios dos dias atuais, surjam em seus caminhos, para que sejam por eles potencializados, adquirindo proporções irreais, assustadoras.

Frágeis, atemorizados, via de regra acompanhados por Espíritos inconsequentes, ou com os quais tenham débitos de encarnações passadas, acabam sofrendo-lhes as investidas e assédios, deixando-se por eles influenciar, passando a demonstrar atitudes desequilibradas, intempestivas.

Assim, envolvidos negativamente, deixam-se abater, abrindo as portas para que a depressão recrudesça, acompanhada pelo séquito de seus desagradáveis efeitos.

A respeito, permitimo-nos inferir que essas criaturas mentalmente enfermas apresentam uma característica comum a todas elas, qual seja, "a de não aceitarem as imposições da vida e não se esforçarem para compreendê-las", pois, diferentemente do que pensam, se forem bem avaliadas e refletidas, à luz da consciente resignação, não passam de lições importantes que a vida lhes está ministrando, com o único propósito de as fazerem evoluir na escalada espiritual, bastando, para isto, colocarem em prática os sábios e amorosos ensinamentos de Jesus.

Assim agindo, conscientizando-se de que tudo passa, não apenas os maus momentos, como também os bons, esses irmãos de jornada vão apresentando gradativas melhoras, motivando os profissionais que os assistem a sentirem-se inclinados a diminuir-lhes, gradualmente, as dosagens dos medicamentos que estavam ministrando, até o ponto de suspendê-los totalmente, libertando os seus ex-pacientes das amarras pegajosas da depressão, retornando à vida.

Por isto tudo, tenhamos sempre em mente que: "Muitas crises de depressão são decorrentes do conflito do mundo íntimo *versus* o mundo exterior."

Órfãos no Além

No dia a dia das nossas existências, vivenciando momentos os mais diversos, nos deparamos, comumente, com seres humanos amargurados, denunciando em seus semblantes a tristeza inquestionável que invade as suas almas.

Auscultando um pouco mais a intimidade destas criaturas, constatamos que o desencarne de um ente querido foi o que desencadeou esse estado de amargura e desilusão.

Inconformadas, enlaçadas pelo desânimo, estiletadas por aflitiva saudade, abrigam-se na solidão, cristalizando a sua dor.

Desacorçoadas, passam a enviar àquele que partira para o outro lado da vida pensamentos de tristeza e desesperança, afligindo-o com esses sentimentos, abalando o Espírito, retardando os seus passos evolutivos no além.

Do lado de lá, com poucas exceções, esses Espíritos sentem-se impotentes para atender aos apelos dos seus queridos que na Terra permaneceram assim, angustiados, sofrem intensamente.

Os encarnados, por sua vez, prisioneiros do egoísmo, esquecem-se de que aqueles que já se desvencilharam das vestes carnais tornaram-se "órfãos no além", necessitando receber dos seus amados pensamentos de reconforto e de paz, e não lamúrias, angústia e desencantamento. Infelizmente, em grande parte das vezes, são esses "presentes de grego" que lhes enviamos.

É desta forma, injusta, que lhes agradecemos o convívio quando ainda se encontravam encarnados, acompanhando-nos pelas estradas da vida.

É assim, desta maneira equívoca, que lhes demonstramos o amor que por eles sentimos.

Caro leitor, reflita um pouco sobre o que acabamos de lhe expor.

Ao lembrarmo-nos daqueles que nos foram caros e que já realizaram a grande viagem, enviemos-lhes, pelas vias do pensamento, nossos sinceros agradecimentos pelo carinho e pelo amor que nos presentearam.

Peçamos-lhes desculpas pelos nossos erros ou injustiças que, com eles, eventualmente, tenhamos cometido.

Ofertemos-lhes o nosso perdão, incondicional, pelos dissabores que, em algum momento, talvez, tenham-nos causado.

Esclareçamos-lhes que o verdadeiro amor nunca morre, simplesmente dorme com a separação, para acordar, depois, ainda mais belo.

Estimulemos-lhes a ter a certeza de que o Cristo Jesus de ninguém se esquece, permanecendo sempre ao nosso lado, por meio da companhia dos amigos espirituais, aguardando que abramos as portas do nosso coração para nele adentrar, juntamente com Sua paz.

Assim agindo, nossos queridos "órfãos no além" sentir-se-ão reconfortados, esperançosos, convictos de que seus corpos cansados reclinaram-se sobre a terra, mas os Espíritos começam a alçar novos voos, pois a vida continua...

Desta forma, todos, de lá e de cá, irão transformando a saudade-tristeza em saudade-compreensão, extirpando, gradativamente, dos seus corações o suplício da dor, enaltecendo a beleza do amor!

Buril da Alma

A vida vai transcorrendo com naturalidade. Os momentos de alegria e tristeza mesclam-se, compondo, pacientemente, o livro maravilhoso das nossas existências, deixando sinais que, pouco a pouco, vão emoldurando nossas almas.

Nós, seres humanos, evidenciando claramente as nossas fraquezas para com as nuanças do Espírito, muitas vezes vemo-nos aceitando, passiva e displicentemente, a interferência envolvente do mundo instintivo em nossas vidas.

Porém, os dias, meses, anos deslizam céleres, anunciando-nos que o tempo se esvai. Assim sendo, algumas vezes, nos parcos instantes de que dispomos para nós mesmos, para nossas mais profundas meditações, apercebemo-nos de que estamos vivendo e interagindo robotizados, afinizados com os ditames da matéria, que, sutilmente, vão nos transformando em pessoas solitárias e frias, cúmplices fiéis do orgulho frívolo, erigindo-o como o césar absoluto das nossas atitudes e decisões.

Todavia, esses fugazes momentos, na maioria das vezes, não são suficientes para nos fazer emergir do mar revolto pelos prazeres do mundo e partirmos em busca da luz, pois continuamos como verdadeiros autistas espirituais, admitindo e vivenciando os desacertos, como se fossem imaculadas virtudes.

Seduzidos pelo brilho e pelas gloríolas mundanas, deixamo-nos arrastar pelas correntezas enganosas das falsas virtudes, que, fatalmente, nos conduzirão ao lago sombrio e lamacento das ilusões, onde criaturas viciosas e acomodadas se deleitam, usufruindo os prazeres efêmeros que nunca lhes trarão a felicidade.

Ao pensarmos que estamos a caminho do éden, distanciamo-nos dele, perdendo-o nos horizontes da incompreensão, do orgulho, da vaidade, do desamor...

Imaginamo-nos luzir, resplandecer perante o mundo que nos envolve, mas olvidamo-nos, ingenuamente, de que a verdadeira luz somente poderá emergir do âmago das nossas almas, desbravando, pouco a pouco, a floresta densa e negregosa dos nossos desenganos.

Atribuímo-nos valores que somente os olhos nublados pela vaidade podem enxergar e que, de fato, não possuímos, fazendo-nos acreditar naquilo que, na realidade, não somos.

Entretanto, como generosa mãe, a ampulheta do tempo não para e, inexorável e sutilmente, somos conduzidos pelas mãos caridosas do Cristo Jesus e, por meio da desilusão, retroagimos e buscamos o verdadeiro sentido das nossas vivências neste planeta Terra, que tão carinhosamente nos acolhe.

É, por meio da dor, por nós repudiada, sem nos darmos conta de que, na maioria das vezes, fomos nós que lhe solicitamos a companhia, por meio dos nossos comportamentos censuráveis, que nossos corações vão sendo burilados, adquirindo, gradativamente, a beleza do amor, que se faz reluzir por meio das nossas presenças.

Nossos olhos, como por encanto, adquirem novo brilho; nosso olhar, a mansuetude e a compreensão de que, há muito, não projetamos em direção daqueles que conosco caminham, lado a lado, nesta terra abençoada.

Nossa voz passa a emitir sons maviosos que acariciam, balsamizam, fazendo com que nossas palavras sejam envoltas no néctar aveludado da gentileza e da fraternidade.

Nossos ouvidos, outrora impacientes e críticos, aprendem, compassivamente, a escutar, guardando para si somente os tesouros e a beleza dos sons e das palavras para eles emitidas.

Nosso semblante, muitas vezes, rude e agressivo, nosso sorriso de desdém e desconfiança, metamorfoseados pelo buril da dor, passam a externar simpatia, brandura e amizade, delatando o clima interior que areja nossa alma.

Nossos braços atrofiados ao longo do corpo, anestesiados pelo torpor do desânimo e do orgulho, abrem-se, carinhosamente, em forma da cruz redentora do Cristo Jesus, agasalhando todos aqueles que ainda se encontram enregelados pela ausência do amor.

Nossas mãos tensas e frias distendem-se, aquecem-se, auxiliando, acarinhando os irmãos ávidos de compaixão e caridade.

Nossos passos cambaleantes e indecisos adquirem novas forças e encontram o caminho definitivo, rumando, decididamente, em direção aos combalidos, amainando suas angústias, levando carinho, otimismo e amor aos seus corações desesperados e premidos pela solidão.

Nossa mente, outrora ensandecida pelos miasmas que o mundo exala, envolvida pelo pessimismo destrutivo dos que desconhecem a Justiça Divina, por meio da dor, transforma-se em fonte viva a espargir benesses para toda a humanidade, sedenta de reconhecimento e comiseração e, ainda, tão distante de Jesus.

Equilibrados, mental e emocionalmente, nossos caminhos tornam-se menos ásperos, nossas noites menos escuras, nosso porvir mais esperançoso.

Nossas decisões, pautadas no discernimento, no bom senso e na justiça, exaltam as heranças recebidas, suave e carinhosamente, pela presença do Divino Peregrino do Amor em nossos corações.

A sabedoria, doce e melifluamente, penetra e se aloja nos Espíritos, transformando a pedra bruta que éramos no cristal translúcido e luminescente a emanar raios coloridos de compaixão e amor em todas as direções, buscando esta humanidade tão sofrida e, ainda, em grande parte, mumificada e enredada pelo egoísmo contumaz.

Transformamo-nos!

Pouco a pouco, vamos adquirindo uma tênue luz interior que passa a nos iluminar e, também, a todos aqueles que conosco caminharem e, envolvidos no mais puro dos sentimentos, humildemente, agradecidos ao Pai da Vida, dizemos-Lhe do imo das nossas almas: "Bendita seja a dor!".

Doridas Lições

É notório o valor que a humanidade atribui ao metal denominado ouro.

Comumente compactado em barras, é conservado a sete chaves nos quatro cantos do mundo, presenteando a quem o possui, como nações, governos, indivíduos, com a segurança incontestável da sua intimidade preciosa.

Entretanto, afora o seu valor monetário, a rigidez com que essas barras se apresentam, tornam restrito, quase nulo, o seu uso, o seu manuseio, em prol da humanidade.

Todavia, o homem ao submeter essas peças valiosas a temperaturas gradualmente mais altas, acabara por encontrar aquela que fundia o precioso metal, tornando-o maleável, domável, submisso, tendo ampliada, sobremaneira, a sua serventia para o mundo.

Quando, porém, submetido a temperaturas menos expressivas, o referido metal mantém-se impassível, inalterado, em sua forma e formato.

Todavia, ao adentrar a faixa dos 1.070 graus, a peça rende-se ao calor intenso e acaba por perder sua rigidez, liquefazendo-se e, com isso, possibilitando ao homem laborioso manuseá-la, transformando-a em joias de inestimável brilho e valor.

É como se essas preciosas peças necessitassem passar pelas "dores" das altas e graduais temperaturas para, só então, fundirem-se, entregando-se, passivamente, às mãos humanas para que venham a luzir, enfeitando e adornando o mundo.

Por analogia, assim também ocorre com os seres humanos que vivenciam as mais diversas experiências neste mundo de provas e expiações, pois, por meio das dores físicas e morais, em princípio de menor intensidade, é que são alertados para direcionarem os seus passos em direção ao aconchego dos braços de Jesus.

Caso as dores não sejam suficientes para tanto, aos poucos, vão se tornando mais intensas, para que as criaturas venham a entender o que a vida está querendo lhes dizer por meio dessas ocorrências que, na realidade, nada mais são do que lições oportunas e preciosas que o Pai de infinita misericórdia ministra, para que façam brilhar as almas, ainda tão distantes da seara do amor.

Celular da Alma

Os seres humanos, a cada dia, se veem expostos às mais diversas ocorrências, proporcionando-lhes um manancial de informações e experiências, enriquecendo o seu acervo de conhecimentos, vendo-se incitados a interagir de conformidade com os pendores das suas almas.

Seus olhos, de um instante para outro, se veem surpreendidos pelas cenas que o mundo, diante deles, faz desfilar, estimulando-os a atitudes de aceitação, repúdio, omissão, passividade, revolta...

Seus ouvidos sentem-se envolvidos pelos sons diversos que os circundam, despertando-lhes emoções, sensações, sentimentos, desvendando-lhes a intimidade.

Os momentos de alegria, de tristeza, de indiferença, mesclam-se, impulsionando-os às mais diversas manifestações, condizentes com o grau de entendimento cultural, religioso, social... de que são possuidores.

Nesse emaranhado de situações em que as criaturas se veem envolvidas, amarradas, impelidas, por vezes, a participar, interagir, não é incomum se deixarem abraçar pelos tentáculos egoísticos e pegajosos do mundo, distanciando-se, gradualmente, do doce regaço de Jesus.

Nos dias atuais é notória a utilização irrefreável dos aparelhos celulares, presentes no cotidiano de incontáveis pessoas, em todo o mundo, facilitando o diálogo, as informações, as providências, as ações de todas as espécies, contudo, quando se encontram desligados, fora de área... acabam por impossibilitar o habitual contato entre as pessoas, comprometendo, prejudicando o fluir das suas vidas, pois, acostumados às benesses que tais aparelhos lhes proporcionam, sentem-se como que perdidos, alienados de todos, ansiosos para que os contatos se reestabeleçam e tudo volte à normalidade.

É notório que, com o inexorável passar do tempo, mais e mais vamos nos sentindo cativos desses aparelhinhos fabulosos que, gradualmente, passam a nortear, a dirigir as nossas vidas de relação.

Fazendo uma analogia com o que acabamos de grafar, sentimo-nos impelidos a dizer que nossa glândula pineal – no dizer do Espírito André Luiz – "a glândula da vida mental", ou seja, nosso celular espiritual, é que nos faculta receber as informações que "eles", os Espíritos, nos enviam e que para "eles" endereçamos.

Todavia, em grande parte das vezes, mantemos esse nosso sensível celular espiritual desligado, fora de área, impossibilitando, assim, que os amigos do além conosco venham a se comunicar, direcionando-nos lições, alertas, conselhos, conhecimentos, bondade, sabedoria, auxiliando-nos em nossa jornada, tornando menos áspero o chão dos nossos caminhos.

Por essas razões, caro leitor, procure manter o seu celular espiritual ligado, pelo menos alguns minutos por dia, para que os amigos espirituais que acompanham os seus passos não tenham dificuldade em contatá-lo e, por consequência, presenteá-lo com suas incomparáveis benesses.

Espíritos Desempregados

A cada dia, transitam pelas passarelas do mundo as mais diversas ocorrências, enriquecendo de informações e conhecimento os seres humanos que habitam este planeta, ainda, de provas e expiações.

Os acontecimentos, previstos e imprevistos, permeiam a vida dos terrestres, neles provocando reações as mais variadas de alegria, tristeza, passividade e por aí afora.

Muitos irmãos de jornada, desencantados com o que o mundo efêmero da matéria lhes vem oferecendo, decidem buscar caminhos alternativos na esperança de poderem, um dia, melhor compreender as nuanças da vida e, assim, encontrarem-se com a felicidade.

Desta forma pensando, muitos enveredam pelos caminhos religiosos, delineando novos roteiros para as suas existências, até então, distantes da espiritualidade, ou apenas tangenciando-a, sem com ela se comprometerem.

Assim sendo, vamos encontrar nas casas espíritas irmãos que pela dor ou pelo amor adentram suas dependências, esperançosos de ali encontrarem a medicação apropriada que venha trazer paz às suas almas, por vezes combalidas e distantes de Jesus.

À medida que vão tomando ciência do manancial de conhecimentos que a Doutrina dos Espíritos lhes vai facultando, sensibilizam-se, empolgam-se, emocionam-se com as suas incontáveis benesses que, até então, desconheciam e que, aos poucos, lhes vão sendo ilustradas.

Com o passar do tempo, vivamente interessados, tornam-se frequentadores assíduos dessas casas de caridade, assistindo palestras, participando de cursos, seminários... ávidos por aprimorarem, cada vez mais, os seus conhecimentos a respeito desta doutrina consoladora.

Em consequência, expressivo número de profitentes se propõe a participar de cursos sobre educação mediúnica, procurando, desta forma, habilitarem-se para, um dia, quiçá, virem a se exercitar neste campo da caridade, auxiliando a tantos e, consequentemente, a si mesmos.

Depois de algum tempo, para alguns, a mediunidade espoca, tornando-se feliz realidade, presenteando o médium com as suas diversas e gratificantes facetas.

Os dias, semanas, meses... transcorrem céleres, não sendo incomum assistirmos, entristecidos, a médiuns que, pouco a pouco, vão deixando à deriva esta sua faculdade, cedendo aos apelos enganosos do mundo, deixando, gradualmente, de servir a esta nobre causa.

Sendo assim, os Espíritos que pelas vias da psicografia, da psicofonia, da audição... por meio deles se manifestavam, não mais encontrando a sintonia, a reciprocidade de outrora, sentem-se como que desempregados, impossibilitados de conduzirem a tantos e tantos corações, as flores perfumadas da espiritualidade.

Em vista disto, a você, caro médium, que nos dá a honra da leitura deste texto, amorosamente tomamos a liberdade de dirigir-lhe a seguinte pergunta: "o espírito (ou Espíritos) que com você trabalha continua na ativa, foi temporariamente dispensado ou sumariamente despedido por você?"

Portanto, tenha sempre em mente que a escolha é sua e a responsabilidade, também.

Renúncia

Caro leitor, dirigimos-lhe, agora, algumas palavras ao seu coração para que nele seja gravado o verdadeiro sentido da palavra renúncia.

É por meio dela que evoluímos espiritualmente.

E, ao exercê-la, no nosso dia a dia, conseguimos abrandar o nosso coração, compreender os caminhos pelos quais deveremos nos enveredar, entendendo, também, todos aqueles que conosco buscam caminhar.

A renúncia, aos ouvidos de quem se preocupa exacerbadamente com a matéria, soa como algo inconcebível, porque significa deixar de lado o que nos satisfaz, o que nos dá prazer e alegria.

Como estamos profundamente imantados a este mundo, por razões diversas, temos muitas dificuldades em renunciar.

Sem que nos apercebamos, somos da Terra escravos, caminhando lado a lado com a inferioridade de princípios, na busca incessante dos prazeres que a vida, paulatinamente, vai nos oferecendo.

O tempo passa, e nós, sem o exercício da renúncia, vamos agindo de forma equivocada em vários campos de nossas atividades.

Por vezes, renunciamos, e quando o fazemos, é porque somos obrigados por forças maiores.

Os dias vão seguindo sua marcha e, num determinado momento de nossas vidas, quando o corpo se encontra cansado e a mente, talvez, desiludida, nós paramos para pensar e refletir.

E no retrospecto de nossas existências, constatamos, com certa tristeza, que a muito pouco renunciamos e que todos os nossos passos visaram aos nossos próprios interesses, esquecendo-nos de estender os nossos braços àqueles que necessitam, de amparar os corações sofridos, de emitir palavras doces aos ouvidos desesperados, de enviar nosso olhar complacente aos que se encontram apedrejados pelo desamor.

Choramos, nosso coração se entristece e as lágrimas banham o nosso rosto incitando-nos a evoluir, mudar o nosso sentir, a nossa forma de pensar e agir.

Nesses momentos, quando nos encontramos alquebrados, é que buscamos o Cristo amado para pedir-Lhe perdão pelos dias em que não cumprimos com as nossas responsabilidades, em que O esquecemos.

Buscamos o Cristo com muito amor, olvidando-nos, porém, de que esse sentimento momentâneo terá que seguir uma longa caminhada para, realmente, fazer morada em nosso coração.

Como buscarmos este amor?

Como sentirmos o seu perfume?

Simplesmente, renunciando a tudo aquilo que, porventura, venha a prejudicar o nosso próximo.

A renúncia evidencia o bom senso, porque, por meio dela, abdicamos, daquilo que é supérfluo, dispensável, desarrazoável.

Assim agindo, novas alegrias vão adentrando em nossos corações, pois a renúncia, anteriormente dolorosa, passa a ser doce e amorosa, e por meio dela, o nosso coração vai desfrutando, pouco a pouco, a felicidade:

- a felicidade de um sorriso encontrado, ao darmos o nosso abraço;
- a felicidade de ofertarmos o pão aos corpos famintos e premidos pelas dores;
- a felicidade de caminharmos, lado a lado, com aqueles que militam nessa Terra em busca dessa mesma felicidade, que já alcançamos;
- a felicidade de irmos ao encontro daqueles que se encontram enfermos, levando a nossa presença, a nossa companhia e o nosso calor humano;
- a felicidade de mantermos os nossos ouvidos sempre atentos, para escutar as lamúrias daqueles que ainda não compreenderam as alegrias que a vida pode lhes presentear;
- a felicidade por compreendermos e perdoarmos os corações que ainda ofendem e agridem, desrespeitando o próximo e que, ainda, se encontram distantes das sendas do amor.

A renúncia, aos poucos, vai nos enredando, vai nos conquistando e vamos nos tornando pessoas mais bonitas por dentro, enriquecendo a nossa alma.

E, na humildade do nosso agir, conseguimos alcançar a felicidade que antes nos parecia tão distante.

E, assim sendo, de renúncia em renúncia, vamos arquitetando o nosso porvir, que se vê iluminado por suave luz porque, a cada degrau construído, nos apercebemos estar, docemente, acompanhados por Jesus!

Indômita Coragem

Quando na erraticidade, ao assumirmos uma nova missão a ser desempenhada nesta Terra, que nos acolhe como generosa mãe, adquirimos, naturalmente, importantes e intransferíveis responsabilidades.

Ao assumirmos um novo corpo carnal, quando tantos irmãos ainda aguardam nova chance para reencarnar, adquirimos obrigações e dele devemos fazer o melhor uso, para que possamos, no final desta nova experiência de vida, ter a consciência em paz por tê-lo bem usufruído, não apenas em nosso próprio benefício, mas, principalmente, em prol de todos aqueles que conosco transitaram pelas mesmas calçadas.

O fato de estarmos reencarnados, por si só, evidencia que nos dispusemos, perante o Pai da Vida, a reiniciar uma nova trajetória vivencial e para tanto nos revestimos de uma joia rara da espiritualidade que, simplesmente, denominamos de coragem.

Com ela adquirimos as forças necessárias para vencermos as vicissitudes e seguirmos vitoriosos rumo à eternidade.

Como somos velhos passageiros do comboio do amor, já temos os conhecimentos e a consciência do que sejam as virtudes e, portanto, necessitamos apenas, nesta nova oportunidade carnal, docemente testemunhá-las por meio:

- da coragem para levarmos carinho, amor, gratidão àqueles que nos serviram e nos ofertaram seus corações de pais;
- da coragem para recebermos, amorosamente, em nosso regaço, aqueles que vieram desfrutar a nossa presença como filhos, irmãos, parentes, amigos e companheiros;
- da coragem para nos empenharmos em nossa reforma íntima, esforçando-nos para eliminar as desvirtudes que tanto prejudicam nossa evolução espiritual;
- da coragem para fazermos da humildade a nossa bandeira, em todos os momentos da nossa existência;
- da coragem para exercitarmos despretensiosamente a caridade, ofertando, auxiliando, sem magoar, sem ferir;
- da coragem da sinceridade, eliminando de vez o aroma desagradável da mentira das nossas entranhas;
- da coragem para nos conscientizarmos dos erros cometidos, corrigindo o rumo dos nossos passos para o amanhã da nossa vida;
- da coragem para pedirmos perdão, todas as vezes que tenhamos decepcionado ou ferido alguém;
- da coragem para nos destituirmos das medalhas do orgulho que pesam em nossa alma, retardando nossa caminhada, perdoando, sempre;

• da coragem para nos desfazermos da vaidade que nos atribui valores que, na realidade, não possuímos;

• da coragem para renunciarmos aos apelos efêmeros e traiçoeiros do mundo;

• da coragem da justiça, levando-a conosco como bagagem bendita, qualquer que seja a viagem que empreendamos, mesmo quando ao aplicá-la, momentânea e materialmente, nos sentimos prejudicados, porque, espiritualmente, estaremos desfrutando a branda presença do Mestre do Amor, avalizando nossa atitude;

• da coragem para, pacientemente, escutar as dores do próximo, procurando amenizar suas agruras;

• da coragem da brandura, fazendo-a morar no âmago da nossa alma, exteriorizando-a em favor de todos aqueles que se encontram carentes de amor;

• da coragem da palavra melíflua que anestesia os ouvidos recalcitrantes, fazendo-os sutilmente se aperceberem dos sons maviosos do hino do amor a penetrar a intimidade das suas almas.

Enfim, da coragem para nos conscientizarmos das nossas responsabilidades perante a vida, fazendo com que o Cristo Jesus seja sempre a estrela guia a iluminar as nossas veredas, para que, em momento algum das nossas existências, nos esqueçamos dos irmãos que ao lado buscam a felicidade, fazendo com que a nossa felicidade seja simplesmente a de deixá-los felizes também!

Humildade e Perdão

Durante os nossos raros momentos de reflexão, vamos nos apercebendo de que o tempo está passando e que, gradualmente, fomos nos apartando do doce regaço de Jesus.

Vislumbrando tão somente os nossos próprios interesses, enxergando o mundo através das lentes embaçadas do nosso personalismo, pouco a pouco fomos apagando do dicionário da vida a palavra perdão.

Autossuficientes, esquecidos de que somos, apenas usufrutuários do mundo e que, juntos, somos capazes de muito e, sós, reduzidos estaremos às nossas mais ínfimas potencialidades, continuamos desfilando, indiferentes, frente aos irmãos que conosco colaboram para o sucesso da nossa jornada.

Sem nos darmos conta, iludidos pelos valores que a nós próprios atribuímos e que, muitas vezes, os outros nem mesmo conseguem vislumbrar, aos poucos, vamos nos transformando em juízes severos, implacáveis, destituídos de comiseração, distanciando--nos das águas plácidas da humildade e do perdão.

Embevecidos pelo personalismo envolvente e desarrazoado, absolutos donos da verdade, quando por algum motivo alguém, mesmo bem intencionado, discorda ou interfere no nosso pensar ou proceder, ou mesmo tenta nos aconselhar, sentimo-nos ofendidos, pondo-nos na defensiva, tentando rechaçar, às vezes agressivamente, os argumentos que nos foram destinados.

Em outras oportunidades, irmãos de jornada, ainda distantes do coração de Jesus, utilizando-se de palavras, atitudes e ações, no mínimo, imprudentes, acabam por interferir no transcorrer das nossas vidas, prejudicando-nos, até, reacendendo em nós as chamas da mágoa.

Mais além, pessoas outras, deserdadas dos tesouros da fraternidade, espargem boatos, fuxicos a nosso respeito, desmerecendo-nos, retratando-nos através das lentes desfocadas da ferina maledicência, fazendo-nos perder a paciência, estimulando-nos ao revanchismo, dando asas aos nossos instintos.

Contaminados por esses impactos, sentimo-nos propensos a reagir, utilizando-nos dos mesmos meios que em nosso desfavor foram endereçados, fazendo-nos incorrer nos mesmos erros que houvéramos repudiado, igualando-nos, assim, aos nossos ofensores e detratores, prejudicando-os, como fomos por eles prejudicados.

A somatória dessas e de outras ocorrências que a vida, porventura, possa nos reservar, podem vir a desestabilizar a nossa intimidade e, como consequência, poderemos nos tornar reféns do rancor, retardando os nossos passos rumo à evolução.

Contudo, se nos deixarmos abraçar pela humildade e pelo perdão – por nós ofertado e por nós pedido – haveremos de conquistar a alforria da nossa alma, libertando-a das amarras do ressentimento, da mágoa e do rancor, alçando novos voos, endereçando-a, destemida, para a seara da paz e do amor de Jesus.

Missão Redentora

Para nós, encarnados, presos à matéria densa que nos aprisiona, torna-se dificultoso conscientizarmos-nos da missão espiritual que deveremos levar adiante no transcorrer da nossa vivência terrena.

O ser humano, enredado ainda nos liames do mundo e por eles seduzido, em grande parte das vezes, assume, como objetivo, conquistar o poder, a fama, a riqueza, o bem-estar, o prazer e outras tantas efêmeras ilusões.

Se para este planeta viemos, se aqui fixamos nossa atual morada, é natural e compreensível que busquemos alcançar a felicidade e usufruir as suas benesses, desde que a consigamos com respeito, dignidade e justiça para com aqueles irmãos que conosco militam nesta bendita jornada.

Temos o conhecimento de que todos os que buscam algo além das fronteiras materiais, que procuram desenvolver o potencial amoroso gravado no recôndito dos seus corações, que se empenham em visualizar novos horizontes, pouco a pouco, vão se apercebendo dos objetivos espirituais a que se propuseram alcançar nesta Terra generosa, quando, ainda, se encontravam no além.

A partir de então, cativa das asas do amor, a alma decola, radiosa, rumo à eterna espiritualidade.

No princípio, um leve sussurro interior parece que começa a nortear os nossos titubeantes passos.

Gradativamente, este sussurro vai se transformando em sons ternos e suaves que, sutilmente, vão abrandando nossos instintos.

Finalmente, uma voz mais possante emerge, perfeitamente audível, das profundezas da nossa alma, fazendo-nos desfrutar uma paz e uma harmonia indescritíveis, deixando, como rastro, profunda alegria.

Pouco a pouco, novas palavras vão sendo grafadas em nosso dicionário da vida.

A dignidade, a justiça, o perdão, o amor, como que por encanto, vão se assenhoreando, minuto a minuto, do nosso ser, fazendo morada em nossa intimidade, tornando-nos mais humanos, aproximando-nos, consequentemente, mais e mais do Divino Amigo.

A partir de então, indelevelmente, estaremos esculpindo em nosso coração o "façamos aos outros aquilo que gostaríamos que a nós fosse feito", ao mesmo tempo que nossa alma estará haurindo, a longos haustos, o suave perfume de Jesus.

O amor, como um todo maravilhoso, passa a ser nossa doce companhia e a caridade cria raízes profundas em nosso eu, iluminando nossa alma, fazendo-a ser percebida por todos aqueles que se encontram necessitados e combalidos e que nos oferecem a bendita oportunidade de trabalho e de cooperação.

Substituímos, então, definitivamente, as efêmeras alegrias do mundo pela eterna felicidade do Espírito.

Assim sendo, enlaçados pelo suave véu da espiritualidade, quanto mais nosso coração se sensibiliza pelas nuanças do amor, mais caridosos nos tornamos, intensificando-se o brilho da nossa luz interior, deixando bem nítido aos nossos olhos imateriais, Jesus Amigo, de braços abertos a nos dizer: "Finalmente te conscientizaste da tua verdadeira missão, levando a todos aqueles que cruzarem os teus caminhos a felicidade que já tens no coração!"

Ave, Cristo!

Bibliografia

CERQUEIRA, Thales T. P. L. de Pádua. *Na Casa de Meu Pai há Muitas Moradas* – 1ª Edição. (2012). Rio de Janeiro – Novo Ser Editora.

FRANCO, Divaldo Pereira. *Transição Planetária*. (2010). Salvador – Editora Leal.

MACHADO, Irene Pacheco. *Driblando a Dor* – 12ª Edição – Brasília – Livraria Editora Recanto.

MAES, Hercilio. *Mensagens do Astral* – 8ª Edição. (1987). Rio de Janeiro – Livraria Freitas Bastos.

MAES, Mauro. *Simplesmente Hercílio* – 1ª Edição. (2010). Limeira – SP – Editora do Conhecimento.

MOREIRA, Denis. *A Grande Transição da Terra – O Sentido de Urgência* – 1ª Edição. (2012). São Paulo – Lúmen Editorial.

PIRES, J. Herculano. *A Gênese* – 19ª Edição. São Paulo – LAKE – Livraria Allan Kardec Editora.

REVISTA INTERNACIONAL DE ESPIRITISMO – Nº 02 (2013) – Matão – SP – Casa Editora O Clarim.

RIOS, Raphael. *A Última Profecia de Jesus* – 1ª Edição. (2003). São Paulo – DPL Editora e Distribuidora de Livros Ltda.

RUIZ, André Luiz. *No Final da Última Hora* – 1ª Edição. (2009). São Paulo – Espírito e Letra.

RUIZ, André Luiz. *Herdeiros do Novo Mundo* – 1ª Edição. (2009). São Paulo – IDE – Instituto de Difusão Espírita.

Marcial Jardim

Genero: Romance

14x21 cm | 288 páginas

Num passado distante, seres humanosescudados pelo poder, irrestrito, do Clero vigente. em nome de Cristo, cometeram as maiores barbáries.

Genero: Romance

16x23 cm | 384 páginas

Durante o transcorrer da Segunda Guerra Mundial, quando milhões de seres humanos tiveram suas vidas cruelmente ceifada, o odio e a revolta passaram a enlaçar aquelas almas.

Aliança

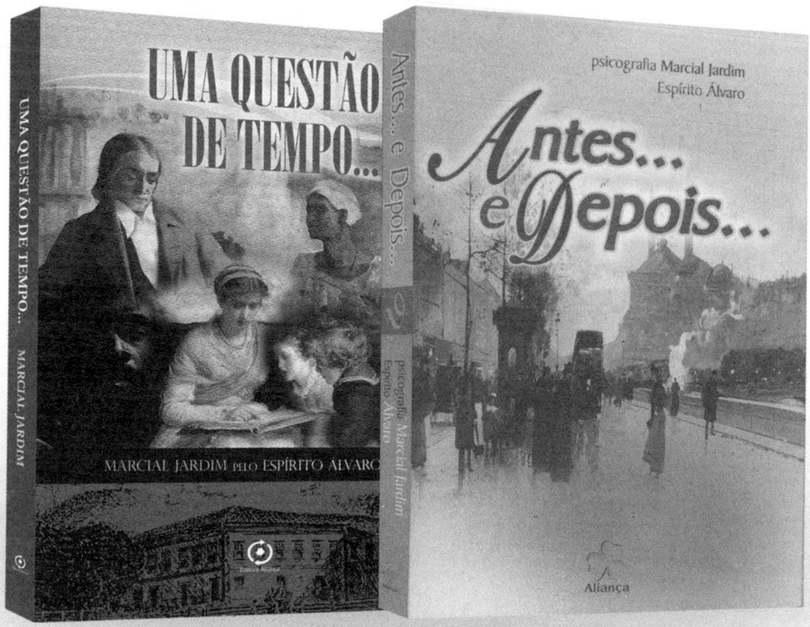

Genero: Romance
14x21 cm | 256 páginas

Este romance nos relata as experiencias vividas por um grupo de pessoas, em três épocas distintas.

Genero: Romance
14x21 cm | 288 páginas

Fugimos ás leias dos homens, mas não escapamos da aplicação das Leis divinas!

Outras Obras

Dario Sandri Junior

Genero: Espiritismo
16x23 cm | 352 páginas

Três homens, uma mulher. Quatro vidas, quatro continentes, um mesmo objetivo.

Saara Nousiainen

Genero: Espiritismo
14x21 cm | 224 páginas

No desenrolar de um inevitável confronto entre a treva e a luz, vão surgindo tramas de amores e ódio, iniciadas no antigo Egito, a desembocarem em momentos de fortes tensões e de emoçoes sublimadas.

Aliança

Roberto de Carvalho

pelo Espírito Casimiro

Genero: Romance

16x23 cm | 224 páginas

Envolvido por fenômenos mediúnicos desde a infância, o menino Casimiro se sente responsável por vários infortúnios que ocorrem no seio famíliar, inclusive o desencarne de sua mãe.

Edgard Armond

Genero: Espiritismo

14x21 cm | 192 páginas

A formação e evolução das raças no planeta Terra. Obra extraordinária que cuida das grandes indagações dos homens acerca do inicio da humanidade.

Campanha de Preservação da Vida

EDITORA ALIANÇA

Tema: ABORTO